AF455988

PRÉCIS HISTORIQUE ET STATISTIQUE SUR CHARMONT & VERNANCOURT

MARNE

PAR **CH. REMY**, ANCIEN NOTAIRE,

Vice-Secrétaire et Archiviste de la Société d'agriculture, commerce, sciences et arts de la Marne membre correspondant de la société des sciences et arts de Vitry-le-François, etc...

LITHOGRAPHIE

BARBAT,

à Châlons-sur-Marne.

1868.

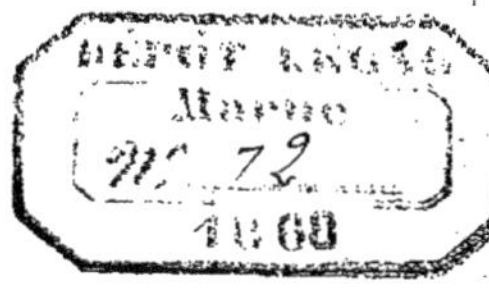

PRÉCIS HISTORIQUE

ET STATISTIQUE

SUR

CHARMONT & VERNANCOURT

(MARNE),

PAR M. CHARLES REMY.

Cet ouvrage, que la Société d'Agriculture, Commerce, Sciences et Arts de la Marne, dans ses séances solennelles de 1862 et 1863, a récompensé de deux médailles d'argent de première classe, est le fruit de longues et patientes recherches, auxquelles l'auteur s'est livré dans le seul but d'être utile à des localités qui lui sont chères à plus d'un titre.

On y trouve des renseignements sur tout ce qui a rapport à ces deux communes, depuis les temps reculés jusqu'à ce jour.

Indépendamment de la statistique complète, il comprend le récit des évènements nombreux et intéressants qui s'y sont accomplis, l'histoire des seigneurs de ces communes depuis 1100 jusqu'en 1789; celle des fiefs, hameaux, censes, fermes, et dépendances depuis leur origine, l'énumération des droits féodaux en usage, et l'état des personnes avant la Révolution.

On y trouvera les noms d'un très-grand nombre de familles existantes, qui ont fourni des fonctionnaires civils à ces deux pays; la description architecturale de leurs églises, l'histoire des deux paroisses et les noms de leurs curés et instituteurs; celle de la municipalité, avec les noms des fonctionnaires anciens et nouveaux, et l'énumération des principaux travaux des maires et des conseils municipaux jusqu'aujourd'hui.

Plusieurs chapitres additionnels de notre statistique donnent : l'état des saisons et des récoltes depuis 200 ans environ ; la signification des noms de rues, places et contrées des territoires, et enfin la faune et la flore du canton d'Heiltz-le-Maurupt, sur lequel j'ai réuni, comme sur tous les autres pays avoisinant Charmont, de précieux documents.

En outre des renseignements empruntés aux archives de la Marne et aux dépôts publics, l'auteur a recueilli de diverses personnes citées dans l'ouvrage, des particularités non moins utiles que curieuses.

Il ne sera tiré qu'un petit nombre d'exemplaires de cette statistique, si le chiffre des souscripteurs suffit pour couvrir les frais généraux. Chaque volume sera livré aux souscripteurs au prix de 2 francs, payables après livraison, soit à Châlons-sur-Marne, chez l'auteur, ou chez M. T. Martin imprimeur ; soit chez MM. les Maires de Charmont et de Vernancourt, ou chez M. Poncette, horloger à Charmont.

Les personnes qui désireront souscrire, devront détacher le coupon ci-contre, le remplir, le signer et l'envoyer *franco* à l'une des adresses ci-dessus indiquées.

Nota. La souscription restera ouverte jusqu'au 1er octobre 1863.

Châlons, imp. T. Martin.

BULLETIN DE SOUSCRIPTION.

Je, soussigné,

demeurant à

déclare souscrire pour exemplaire , au *Précis historique et statistique sur Charmont et Vernancourt*, par M. Ch. Remy, et m'oblige à en prendre livraison, contre la remise de deux francs, chez M. l'un des dépositaires désignés par le Prospectus.

A le 1863.

I

PRÉCIS

HISTORIQUE ET STATISTIQUE

SUR

Charmont et Vernancourt (Marne)

Par **CH. REMY**, *Ancien notaire,*

Vice-secrétaire et archiviste de la société d'agriculture, commerce, sciences et arts de la Marne, membre correspondant de la société des sciences et arts de Vitry le François, etc.

Lithographie

BARBAT

à Châlons s/Marne.

La 1ère partie a mérité à son auteur une médaille d'argent de 1ère classe qui lui a été décernée par la société d'Agriculture, Commerce, Sciences et arts de la Marne, dans la séance publique du 27 Août 1862.

La seconde partie a obtenu de la même société une semblable récompense, dans la séance publique du 25 août 1863.

Préface.

En entreprenant ce travail, je n'ai eu à cœur que de réunir les souvenirs que j'ai recueillis sur Vernancourt où je suis né, et sur Charmont où j'ai vécu pendant quinze ans.

J'ai réuni les quelques lignes qui ont été imprimées sur ces deux localités, par Mr le Docteur Normand, dans sa statistique du canton d'heiltz-le-maurupt, publiée dans l'annuaire de la Marne de 1818, par Mr Lesage, dans sa Géographie de la Marne, par M. Chalette, dans sa statistique de la Marne, et par M. Edouard de Barthelemy, dans son diocèse de Châlons; mais ces ressources étaient bien insuffisantes, et c'est sous un autre point de vue que je veux considérer leur histoire.

Les archives départementales, les cartulaires, les registres des paroisses et une foule de pièces et titres publics ou privés m'ont fourni de nombreux documents, et des faits locaux remplis d'intérêts.

Le voisinage de Charmont et de Vernancourt, les nombreux rapports qu'ont entr'eux les habitants de ces deux communes, l'identité ou la communauté des événements historiques, font des deux parties de cet ouvrage, un ensemble qui se complète l'un par l'autre.

Entr'autres personnes bienveillantes à qui j'ai dû des renseignements, je citerai particulièrement, feu M. Daumanget, alors Maire de Charmont, Mr Poncette, horloger au même lieu, et M. Oudin instituteur à Vernancourt. Au premier, je dois la communication d'un manuscrit journal de famille contenant de précieux détails; au second, des recherches sur l'archéologie, la géologie et la numismatique ainsi que d'autres communications de tout genre; au troisième, je dois des remerciements pour le zèle avec lequel il m'a aidé à compulser les pièces authentiques qui se trouvent dans la localité.

Si j'ai osé apporter ma faible pierre à l'édifice de la chronique locale, c'est dans le but d'instruire les habitants de ces localités et de leur faire comparer les temps passés avec ceux où nous vivons.

J'ai parcouru à vol d'oiseau les temps historiques et féodaux pour faire comprendre, par ces généralités, les rapports des simples bourgades avec la France, son histoire et ses institutions.

Heureux si cette ébauche peut être de quelque utilité pour mes compatriotes aux-quels je la dédie.

PREMIÈRE PARTIE

CHARMONT.

Précis historique et statistique sur Charmont.

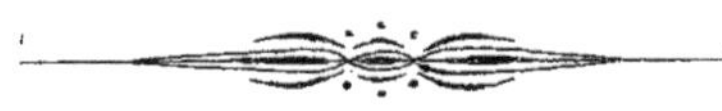

Chapitre 1er

Etymologie - Origine - Médailles - Ruines.

L'Etymologie du mot Charmont se présente naturellement à l'esprit lorsqu'on aperçoit même de fort loin, le village ou bourg qui porte ce nom Carus mons, mont chéri, mont charmant.

Ce point, le plus élevé de la contrée, à 188 mètres au-dessus du niveau de la mer, suivant les calculs de M. Chalette, apparaît, de quelque côté que l'on vienne, au milieu d'une belle couronne de de verdure, comme la tonsure cléricale au milieu de la tête, ce qui le fait appeler, dans les chartes des monastères, calvus mons, mont chauve. A plus forte raison ces habitants ont dû l'affectionner de tout temps, parce que, sans parler de sa situation pittoresque, et du beau panorama qui se déroule tout à l'entour, de la salubrité du climat, et du sentiment naturel qui fait aimer la patrie, pour parler plus matériellement, le sol et les forêts ont toujours largement pourvu à leurs besoins, et leur ont procuré des avantages de bien être inconnus aux pays voisins.

Nous n'avons point de documents écrits pour constater la fondation de Charmont, mais l'on peut, par induction, à cause de son étymologie latine le faire remonter à l'époque Gallo-romaine, et même à cause de ce qui va suivre il est présumable qu'il n'a fait alors que changer de nom, et qu'il existait déjà à l'époque Celto-Belge.

On rencontre souvent dans les terres comme dans les forêts et spécialement dans les défrichements du bois du Roi, des armes de guerre ou de sacrifice en silex, tels que, haches, flèches, couteaux, assommoirs, ainsi que des pierres de sacrifice; il me souvient d'avoir entendu faire la description d'un amas de pierres découvert il il y a trente ou quarante ans, pendant l'exploitation d'une coupe de bois, et composant à ne point s'y méprendre, un Dolmen ou autel Druidique suivant les uns, tombeau suivant les autres, parfaitement conservé.

Il y avait donc des habitants en ce lieu et même des Druides; nulle part, du reste, ces derniers ne pouvaient trouver une résidence mieux appropriée à leurs besoins, à leurs coutumes.

Son territoire est borné par la huitième voie militaire romaine partant de Reims (Durocortorum) passant par Bar-le-duc (Caturigæ) et Nasium pour se diriger par Toul (Tullum Leucorum) et Metz (Divodurum) sur les frontières germaniques; on l'appelle encore la route des Romains.

De Nombreuses médailles dont nous donnerons la nomenclature à la fin de ce chapitre, ont été trouvées sur son territoire et dans l'emplacement même où était autrefois le principal groupe d'habitations

Sans sortir de l'incertitude où sont plongés presque tous ceux qui recherchent les origines, et pour compléter ce que j'ai dit sur celle de Charmont, rien ne vient démentir l'opinion que ce pays, comme la contrée, a été peuplé en tout ou partie, par une colonie de Scythes, Celtes ou Parthes, qui, après bien des migrations, ont fini par se fixer dans ce pays ou Pagus.

M. de Torcy, auquel j'emprunte cette opinion, dit que l'on rechercherait en vain l'époque de ces migrations.

Dans cette hypothèse il est curieux de citer ce que dit d'après César Ammien-Marcellin, Strabon et Polybe, l'auteur des recherches sur l[a] Champagne et le pays Perthois, des mœurs et des coutumes de ces peuples dont peut-être nous descendons.

Ces peuples arrivés dans les Gaules, dit M. de Torcy, y continuèr[ent] longtemps leur coutume de vivre dans des chariots, ou au moins dans des caban[es] construites de manière à ne durer qu'un an; quoi qu'il en soit, on peut facilemen[t] présumer que ces familles de Celtes ou de Parthes, qui erraient à leurs capri[ces] s'établirent après bien des migrations, dans les différentes parties de la Gaule.

Les Germains et les Suèves observaient la même coutume du temps de Jules César.

Chaque tribu avait son canton propre. Aussitôt que le canton ét[ait] partagé entre les familles, chacune d'elles se bâtissait une cabane au centr[e] de son terrain. Ces cabanes dans le pays Perthois, furent probablement bâties dans les endroits où nous voyons des villes, des villages et des hameau[x].

Les villes étaient établies sur des éminences qui n'étaient commandé[es] d'aucun côté, ou dans des marais, ou sur des rivières, ou enfin proche de[s] grandes forêts; les maisons étaient rondes couvertes en forme de voûte de roseaux ou de chaume entrelacés, ces tribus ne vivaient que des fruits de la terre, et du lait de leur bétail.

Quelle que soit l'époque à fixer pour l'origine de Charmont des documents certains nous apprennent que dès le onzième siècle, la popula[tion] était de beaucoup supérieure à celle des pays voisins, même de Possess[e] que MM. Lesage et Chalette croient reconnaître dans le Pistoc[...] de l'itinéraire d'Antonin.

Avant de terminer ce chapitre, nous allons rapporter ici d'après M. Poncet qui s'occupe de numismatique et d'archéologie, la nomenclature des pièces de monnaie et médailles qui sont passées entre ses mains, et dont plusieurs sont encore en sa possession.

Les monnaies trouvées sur le territoire de Charmont, dit-il dans une note qu'il nous a communiquée, présentent cette localité comme ayant été occupée successivement par plusieurs peuples, et ayant servi de passage à plusieurs armées; on peut citer entr'autres pièces, les suivantes:

Or: cheval au galop, un foudre, les vagues agitées;

Argent: tête casquée, cavalier galopant;

Bronze: trirème, guerrier armé, poisson, aigle éployé, vagues, cheval au galop, à droite, porc ou sanglier;

Epoque Romaine,

Or, argent ou Bronze:

Marcus Antonius Augustus, Livia Drusilla, Tiberius, Claudius, Nero, Lucius Domitius, Galba, Vitellius, Germanicus, Vespasianus, Flavia Domitilla, Titus, Julia, Nerva, Trajanus, Antoninus, Faustina, Lucilia, Commodus, Probus, Maximanus, Posthumius, Aurelianus, Constantinus, Licinius, Constans, Severus, Gordianus, etc.

Cette prodigieuse quantité de médailles romaines, ajoute-t-il, s'explique par la présence d'une station romaine au nord du territoire dominant le passage de la Vierre; au lieu dit la Grande Murée, on a trouvé les traces très apparentes de la residence d'un officier romain, probablement d'un chef obéissant au Gouverneur de Rheims.

La légende s'est emparée de ce fait; on dit que ce Chateau, ainsi qu'on l'appelait, était dans le moyen âge, habité par des nonnes; rien n'est plus merveilleux que ce que l'on raconte à ce sujet; on y mêle des récits qui décèlent la faiblesse humaine.

On pense que cette résidence, guerrière dans l'origine à n'en pas douter, fut depuis accommodée à la vie monastique, ce qui ne paraît point certain; l'époque que l'on assigne à la destruction du monastère, pendant les guerres de Charles-Quint et de Philippe 2 semble encore moins probable car l'on voit tout autour, des traces d'habitations romaines, et nulle part, des vestiges du 16e siecle, à moins que l'on y rattache les ruines très apparentes de plusieurs fourneaux de tuileries, qui dépendaient évidemment de l'abbaye de Montiers qui en était voisine et dont le cartulaire ne parle point d'une maison de religieuses établie en cette endroit.

C'est donc, à notre avis, une fable que l'existence du couvent des nonnes.

Il en est autrement du fort romain, qui mériterait d'être étudié par les archéologues. A l'aspect des traces de fortification de fossés et de terrasses, à l'aspect des tuiles romaines, qu'on rencontre partout autour de, on finirait peut être par se mettre d'accord sur l'emplacement de la station d'Ariola.

Il existe sur le territoire de Charmont, de nombreux vestiges de constructions dont l'origine et la destruction ont eu des causes diverses; on a trouvé, suivant la note de M. Poncette, des pièces des évêques de Châlons en argent, des monnaies à l'effigie de Charles V, Roi de France en billon, Charles VII et Louis XI en argent, Louis XII en or, François 1er en or et billon, Henri II, Charles IX, Henri III, Charles X (Le Cardinal de Bourbon), Henri IV, Louis XIII, Louis XV, Louis XVI. On y trouve aussi beaucoup de pièces de Charles-Quint et Philippe II en or et argent, qui marquent le passage et les ravages des troupes Espagnoles dans le pays; Les monnaies de Lorraine y sont très communes, à cause du voisinage de cette province.

Les anciens vestiges de constructions indiquent par les monnaies de Henri II, Charles IX, Henri III, Charles-Quint, Philippe II et Philippe que Charmont était disséminé sur une grande partie du territoire, et qu'il fut en grande partie ruiné par les Espagnols.

Chapitre 2ème

Géographie, division politique et administrative.

Charmont, ainsi que nous l'avons dit, dépendait autrefois du pays Perthois; sous la Gaule libre, il était soumis à la Diète ou assemblée provinciale qui se tenait à Reims; sous la domination Romaine, il était compris dans la seconde Belgique.

Lors de la division des états de Clovis entre ses fils, (513) ce pays fut compris dans le Royaume d'Austrasie sous le nom de Champagne Rémoise (Campania rémensis). Sous les rois des deux premières races, s'étaient établies les différentes distinctions féodales dont nous donnerons un exposé dans le cours de cet ouvrage.

La Champagne (campania) qui a tiré son nom de ses grandes plaines, eut des ducs, à titre temporaire ou viager, puis des comtes héréditaires, grands feudataires de la couronne; et il ne fut plus question du pays Perthois que comme d'une subdivision de la province rémoise dont Charmont formait la limite du coté de l'Argonne.

En 1285, la champagne ayant été réunie à la couronne, par le mariage de Philippe le Bel avec Jeanne de Navarre, devint un gouvernement puis une généralité divisée en plusieurs élections.

Charmont faisait partie de l'élection de Châlons (division administrative) du Baillage de Vitry-le-François (division judiciaire) et de la prevôté de St Dizier (autre division judiciaire).

En 1790 il fut un chef-lieu de canton du département de la marne et du district de Vitry-le-François; suivant la loi du 22 Décem 1789 ce canton devait avoir quatre lieues carrées, et comprenait outre le chef-li Bettancourt la longue, Vroil, Vernancourt, Possesse et Monthiers a ses fermes; après la constitution de l'an VIII il fut réuni au canton d'heiltz-le-mau

Comme paroisse Charmont faisait partie avant 1791 de doyen de Possesse; il ressort maintenant du doyenné d'heiltz-le-maurupt de l'archiprêtré de Vitry-le-François, au Diocèse de Châlons

Chapitre, 3.ème

Statistique.

La population de Charmont a varié depuis 80 ans d'une manière sensi

Nous trouvons un premier recensement portant la populatio à l'époque du 22 frimaire ___ à ___ 992 _ habitants

En 1794 ______ à ___ 1058 _ habitants

En 1816 ______ à ___ 1219 "

En 1845 ______ à ___ 1205 "

En 1850 ______ à ___ 1066 "

En 1855 ______ à ___ 1071 "

En 1860 ______ à ___ 1086 "

(Nota. Le dernier recensement de 1865 depuis que cet ouvrage été terminé, est de 1112 habitants).

Ces chiffres sont assez variables; les causes en sont diverse outre le rapport des naissances aux décès, il faut compter l'émigrati et l'immigration comme la principale de ces causes selon le degr d'activité de l'industrie dominante, l'exploitation des forêts.

Cette population se divisait ainsi en 1860.

35 laboureurs	12 écarreurs
1 meunier	5 fendeurs de lattes
2 boulangers	7 marchands d'étoffes, mercerie épicerie
7 épiciers	1 horloger
1 boucher	3 maçons
4 distillateurs	5 tonneliers cercliers
2 charrons	1 tourneur en bois
3 cloutiers	1 mécanicien
1 serrurier	3 blanchisseuses
2 maréchaux ferrants	10 couturières lingères
3 gardes forestiers	3 sabotiers
12 marchands de bois	2 cordonniers
3 aubergistes	1 bourrelier
1 cabaretier	2 bergers
4 cafetiers	1 curé
3 cantonniers	1 notaire
1 hongreur	1 instituteur
1 teinturier	1 institutrice
	1 garde champêtre.

Le surplus des hommes sont tâcherons, vignerons, terrassiers, hommes de peine, et s'occupent de l'exploitation des bois une grande partie de l'année; presque tous possèdent des immeubles, terres ou vignes. Les récoltes étant plus tardives à Charmont que dans les environs de Châlons, un grand nombre de faucheurs et d'enjaveleuses viennent chaque année passer en deux périodes, un mois pour la récolte des prairies artificielles et des seigles, blés et avoines.

Charmont possède 150 chevaux; ce chiffre est le même que ce[lui]
constaté en 1792; mais il est facile de se rendre compte que l'effet produ[it]
est de beaucoup dépassé, à cause de l'amélioration des races et de la viab[ilité].

Ce bourg contient trois places principales:

La place de la couronne, ou de la halle, au centre.

La place du Gué le Rouge nouvellement plantée d'arbre[s]
et actuellement appelée Place Magenta, aussi au centre, et la pla[ce]
de la Liberté ou de la cour des salles, à l'extrémité Ouest.

Les principales rues sont:

La grande rue,
La rue de l'Eglise,
La vieille rue
La rue de la gravière,
La rue basse,
La rue de la cure,
La rue Bénite,
La rue de la Baulaine,
La petit rue ou de nazot,
La rue de la frise,
La rue de la halle,
La rue des récollets,
La rue du vieux moulin,
La rue neuve,
La rue de la cour des salles,
La rue de renaulmont,
La rue du fossé Thomas l'abbé,

Ces rues et places sont entretenues par un cantonnier communal.

Le chemin de grande communication N°. 18 de Châlons à Bar-le-duc traverse le finage dans sa plus grande longueur, et le village depuis son entrée par la rue Basse, jusqu'à sa sortie par la rue de l'Eglise; le chemin d'intérêt commun N°1 s'embranche sur celui-ci après sa sortie du village, au bas de la côte du Cun, pour aller à Heiltz-le-maurupt par Villers le sec.

Le territoire à 9 Kilomètres de longueur, sur 6 de largeur et contient 2279 hectares, dont:

1082 en terres labourables
113 en prés
103 en vignes
10 en étangs

le reste en bois, routes friches, et emplacement du village.

Il n'existe sur le territoire qu'un seul cours d'eau qui mérite ce nom; c'est le Jardon qui prend sa source à la Croisette, longe la forêt des Bâtis, traverse les terres, longe le bas du bois de Soubel, et va se jeter dans la Vierre, après un parcours d'environ 6 Kilomètres.

Les revenus communaux sont, année moyenne, d'environ 9000 francs, et sont produits en plus grande partie, par les coupes annuelles des bois communaux qui se partagent par moitié entre la commune de Charmont, d'une part, et les communes de Possesse et Bussy le repos de l'autre.

Les bois sont aménagés en vingt cinq coupes annuelles, plus la réserve; ce sont:

Les hautes tailles, finage de Charmont, contenant en totalité 99 hectares 58 ares 93 centiares.

Les Bâtis finage de Charmont comprenant 112 hectares 35 ares 02 centiares en coupes réglées, et 77 hectares 08 ares 20 centiares formant le qua[rt] en réserve.

Le prix moyen des coupes est de 2000 fr. par hectare; autrefois ell[es] se partageaient entre les habitants par affouage. En 1785 les parts étaien[t] chargées d'une redevance de trois livres, on demandait au subdélégué d[e] Champagne de ne payer que 24 sols; la redevance était quelquefois port[ée] jusqu'à 4 livres, (archives de la marne).

Les dépenses ordinaires du budget sont d'environ 6000 fr. ce qui laisse libre pour les dépenses extraordinaires obligatoires ou facultatives environ 3000 fr.

Charmont a 4 foires par an, dont trois sont établies par édi[t] de Henri II de 1586, la quatrième remonte au delà de 1681; un décret impérial du 20 mai 1853 a transporté celle du vendredi saint au 15 mai, les trois autres ont lieu le quatrième lundi de carême, le 9 7bre et le 6 Décembre.

Les édifices publics et constructions communales sont:

L'Eglise et son cimetière entouré de murs,

La maison commune sur la place de la halle,

Le Presbytère nouveau,

L'ancien Presbytère actuellement converti en salle d'asile,

L'école des filles,

L'école des garçons,

Ces trois bâtiments sont contigus, et situés rue de la cure,

Deux lavoirs publics situés aux deux extrémités du village,

Une fontaine publique située sur la place de la couronne appelée le bassin.

Deux puits ouverts, l'un sur la place du Gué le Rouge, l'autre sur la place de la Liberté ;

Deux pompes et une fontaine fixés sur la place de la couronne.

Quatre gués ou abreuvoirs murés, savoir :

Le Gué le Rouge appelé actuellement Gué Solférino, sur la place Magenta.

Le Gué de la cour des salles à l'extrémité de la rue de ce nom,

Le Gué de Houdry, près de la rue de la Gravière.

Le Gué du Cun à l'extrémité de la rue de l'Eglise, divisé en deux parties par la route N°. 18.

Il existait avant 1835 sur la place de la couronne, une vaste Balle, qui a été démolie à cette époque.

En fait de mobilier, la commune possède :

Les archives de la mairie,

L'établissement et le matériel de l'éclairage des rues par des réverbères,

Deux pompes à incendie et leurs agrès ; le mobilier de la mairie,

Le mobilier des classes et de la salle d'asile,

Deux horloges publiques,

Les casques de la compagnie de pompiers et quelques armes,

Le mobilier de l'Eglise appartient à la fabrique.

Chapitre 4ème

Poids et mesures autrefois en usage.

Avant l'établissement obligatoire du système mét
Charmont faisait usage de différents poids et mesures que l'on
encore tous les jours répétés comme points de comparaison, c'est,
il est utile d'en conserver le souvenir.

Pour les poids, on employait la livre de 16 onces rep
environ 500 grammes; l'once se subdivisait en 8 gros.

Les mesures de capacité pour les liquides étaient:

La pinte contenant 0 litre 93 centilitres;

La velte contenant sept litres et demi, ou 8 pintes.

Pour les solides, on avait:

Le boisseau de 24 pintes,

Le septier de sept boisseaux.

On appelait ces deux contenances, la mesure de Possess

Pour les bois, on se servait de la corde mesurant 2 sté
décistères.

Les mesures de longueur étaient:

Le pied de douze pouces ou de 144 lignes; égal à 33 cen

La toise de 6 pieds;

L'aune de Paris mesurant 1 m. 20 centimètres et l'au
tisserand qui n'était que de 0,90 centimètres.

Les mesures agraires étaient:

La perche de 125 pouces ou de 3 mètres 85 centimètres

La verge de 0.45 centiares 08 millièmes,

La denrée de 12 verges ou 5 ares 49 centiares,

L'arpent de 8 denrées ou 96 verges, égal à 43 ares 94 centiares,

Le journel de 7 denrées ou 38 ares 45 centiares.

On appelait fauchée la même quantité de prairie

Chapitre 5.ème

Nature et produits du sol; notes Géologiques, état des habitants.

Le sol de Charmont se compose de terre argileuse, de couches de gravier, de sables de différentes formes, de gisements de craie, de tuf, de terre rouge contenant du minerai de fer.

Les fossiles y sont en abondance, dit M. Poncette, dans la note déja citée, l'on y trouve des oursins, des ammonites, des polypiers, des dents de squales, et autres poissons, des dents et ossements de sauriens et de mammifères antédiluviens.

Le défrichement de la forêt dite *Le bois du roi* a permis de découvrir dans le sol, des scories de verreries remontant à une époque fort reculée, à en juger par les accrues, taillis et futaies qui les recouvraient; des gangues de sulfate de chaux micacée, des fragmens de granit et de feldspath, des cristalisations de carbonate de chaux, des haches, des flèches et autres instruments tranchants aigus ou contondants, en silex, et une multitude de médailles dont nous avons fait l'énumération.

La profondeur des puits du village est de seize mètres en moyenne.

Les eaux du pays sont généralement salubres; celles de la grande rue, place de la Liberté, dissolvent bien et font cuire en très peu de temps, les légumes secs, mais prédisposent les jeunes gens au goître,

Les fontaines de Cabaret, et du bois de Soubel contien[illegible]
du bicarbonate de chaux qui, se déposant sous forme de sédim[illegible]
produit la pétrification ou l'incrustation des objets qui se trou[illegible]
soumis à leur action.

Les fontaines du Chaufour, de l'Étang, Maître Thom[illegible]
de Mécuré sont minérales.

On trouve encore les sources du Gros faux, de la Cuverte
de Maupas qui sont très abondantes.

Le sol difficile à cultiver est assez fertile; les céréales
surtout l'avoine y viennent en abondance et sont d'une qua[illegible]
supérieure.

Les prairies artificielles commencent à y prendre beaucou[illegible]
d'extention; les prairies naturelles ne sont pas ce qu'elle pourraient
pour l'étendue ni pour le rendement, mais la qualité en est excellen[illegible]
commence à les irriguer avec les moyens imparfaits que la nature a lai[illegible]
à la disposition des habitants d'une localité privée de rivière; on crée
des prés nouveaux.

Les vignes sont d'un très grand rendement; le vin est de qual[illegible]
médiocre, mais il a beaucoup gagné depuis vingt ans, par l'usage de m[illegible]
procédés de fabrication, et il peut beaucoup gagner encore.

Le vin est la ressource des habitants, malgré la quantité a[illegible]
considérable qui se consomme sur les lieux, il alimente les pays vois[illegible]
non vignobles à une assez grande distance, et l'on en vend parfois p[illegible]
d'assez fortes sommes; aussi la récolte des vignes est le thermomèt[illegible]
de la gêne ou du bien être dans les ménages.

Le vin et l'avoine sont des objets d'échange avec les pro[illegible]
des autres localités.

Autrefois, le pays était pauvre et méprisé; ses habitants ne s'occupaient que de la coupe et de l'exploitation des bois; abandonnant la culture et les soins de la vigne aux femmes. Ils avaient pris, dans les forêts, des habitudes grossières et bruyantes; habituellement laborieux et vivant de peu, ils se livraient cependant quelquefois à leurs ébats dans les exploitations; car trop souvent, dans d'autres temps, l'intérêt calculé de ceux qui les employaient en firent naître l'occasion.

L'ivrognerie dut faire son chemin à cette époque; mais les habitants de Charmont n'en ont pas moins conservé sur les pays voisins un grand ascendant, qui n'est dû qu'à la franchise de leur caractère, et à la joyeuse hospitalité dont les étrangers jouissent chez eux.

Actuellement les habitants sont généralement à l'aise, les bois, depuis les nombreux défrichements qui ont été opérés tout à l'entour ne les occupent plus que pendant l'hiver, à moins qu'ils n'exercent dans cette partie une des professions spéciales qui sont ordinairement lucratives.

Aussi la culture des terres a-t-elle beaucoup profité, et la fertilité du sol s'y développe d'une manière encourageante sous de laborieux efforts.

Un assez grand nombre d'habitants vont comme nous l'avons déjà dit, louer leurs services au dehors pendant le temps des moissons.

Le commerce de détail y est assez important relativement, et c'est là que les habitants des villages voisins viennent acheter beaucoup d'objets qu'ils ne trouvent point chez eux, pour les besoins de la vie commune.

Les usines y sont rares, il n'y a qu'un simple moulin à vent, cependant le nombre des batteries à grains soit fixes ou locomobiles mues par manège, y augmentent tous les ans, et dans ces derniers temps il y a été établi une machine à vapeur, qui suivant les besoins fait mouvoir une batterie à grains ou une scierie mécanique.

L'instruction y est assez répandue pour que depuis 25 ans environ, il soit sorti de l'école primaire, un grand nombre de jeunes gens qui occupent des charges ou des emplois nécessitant un certain développement de l'esprit et des connaissances assez étendues.

Chapitre 6ème

Des Seigneurs de Charmont,

Quels étaient les Seigneurs de ce lieu ? comment les Garlande sont-ils arrivés à posséder Possesse, Charmont et autres lieux voisins ? M. Ed. de Barthélemy, dans son histoire de l'ancien Diocèse de Châlons pense que les anciens Seigneurs de Possesse n'étaient ni parents ni alliés de cette famille, car en même temps que l'on rencontre les comtes de Possesse, Adam de Thornes et Manassès son frère, fondant ou plutôt restaurant dans un nouveau lieu, l'abbaye de Monthiers en Argonne, dans le douzième siècle, l'on voit apparaître les Garlande comme Seigneurs de Charmont, Montbayet Bussy et Froidcul, et seulement d'un château à Possesse portant le nom de château de Florence, la réunion des possessions désignées plus haut prenait le nom de terre de Florence, tout à fait distincte alors de la Seigneurie Comté de Possesse, dont nous ne toucherons l'histoire qu'autant qu'elle sera liée à celle de Charmont ; c'est ce qui apparaît d'une charte de 1277 dont nous donnerons le texte dans le courant de cette ouvrage.

Nous avons relevé tant sur l'abrégé chronologique de Mezeray qui les qualifie de « petits gentilshommes de Brie » que sur les cartulaires de Monthiers et de la Neuville au temple les noms suivants des membres de cette famille qui tenaient leur fief et ressortissaient directement des comtes de Champagne, ces noms remontent à l'an 1050, et s'arrêtent, en 1320, cependant il y a lieu de croire que cette famille n'était pas éteinte au 14ème siècle. Dès le 11ème siècle on cite Jean de Garlande Poète et Grammairien dont on connaît plusieurs ouvrages qui, depuis l'invention de l'imprimerie ont eu plusieurs éditions ; est-ce cet

auteur qui est le fondateur de la famille ou n'en est il qu'un membre isol
toujours est il que cette famille devint bientôt très puissante ain
qu'on va le voir par les noms suivants:

Guillaume 1er de Garlande Seigneur de Gournay, père de quatre fils qui furent tous grands officiers de la couronne.

Anceau 1er de Garlande, Grand Sénéchal de France sous Philippe 1er,

Etienne de Garlande chancelier de France sous le même roi, et évêque de Paris,

Gissebert de Garlande qui exerçait en même temps la charge de grand Boutellier,

Guillaume II de Garlande qui succeda à son frère dans les fonctions de grand Sénéchal.

Ce dernier eut pour fille Mathilde abbesse de Port Royal dont elle était fondatrice.

Agnès fille d'Anceau épouse en premières noces Montfort d'Amauri, et en secondes noces Robert de France, comte de Dreux.

Guy, fils du même devint évêque d'orléans.

On cite encore:

Anceau II ou Anselme de Garlande, et Sophie sa femme,

Jean de Garlande,

Anceau III de Garlande, et Alix sa femme,

Rêné de Garlande,

Anceau IV chevalier de Garlande,

Godebert de Garlande,

Anceau V de Garlande et Jodes sa femme,

Anceau IV de Garlande, Seigneur de Houvel,

Jean de Garlande

Nous ne pouvons suivre plus loin que 1320 cette famille qui soumise aux vicissitudes humaines, déchut sans doute insensiblement jusqu'au 16e siècle; nous ne croyons point devoir rattacher sans preuve à cette famille un possesseur du même fief dont on trouve encore la tombe en l'Eglise Notre Dame en Vaux de Châlons-sur-marne: sur une pierre servant actuellement de dalle de pavage au bascôté nord, en allant au buffet d'orgues, on voit la figure d'un chevalier couché, les pieds appuyés sur un chien, symbôle de la fidélité, et on lit autour de cette pierre: *Cy gist Noble Homme Jean, Baron de florence le quel trépassa le lundy III ème jour du moys de May, l'an de grace M. C.C.C.C. et XIX Priez Dieu pour luy. Ave Maria.*

La famille de Garlande a joué un rôle trop important dans l'histoire de France, et dans les événements du pays dont nous nous occupons en ce moment, pour ne pas lui consacrer un chapitre particulier.

Le roi fut ensuite Seigneur de Charmont qui devint une mairie Royale;

Parmi les Seigneurs qui possédèrent ce domaine à titre précaire ou d'engagistes on trouve la famille d'Apremont de qui la terre de Charmont passa aux Rampon; ensuite au Comte des Ayvelles, de la famille d'Ambly et à ses successeurs jusqu'en 1775. Nous donnerons les noms de cette famille en parlant du fief de Renaulmont. Le blason d'Ambly était, suivant le procès verbal de Lefévre de Caumartin: *D'argent à trois lionceaux de sable.*

Une déclaration de Drouot, syndic des habitants faite en 1681, devant M. de Miromesnil, intendant de Champagne, indique qu'ils se prétendaient engagistes du roi, ce qui justifie le titre de mairie Ro

Une déclaration que nous retrouverons à propos de Vernanc nous fait penser qu'en 1396, la Terre de Florence était démembr qu'une partie avait fait retour aux successeurs des Comtes de Possesse au pour l'hommage, tandis que le droit utile ou le profit appartenait titre d'arrière fief aux Seigneurs de Vernancourt, à l'exception Charmont et de ses fiefs qui avaient fait retour à la couronne sous Charle

Ses successeurs en gratifièrent dans la suite à divers titres u ou plusieurs familles, car au dernier siècle, à coté des d'Ambly, trouve comme engagiste d'une partie du domaine le Duc d'Orléa

Dans les derniers temps, les d'Ambly, cédèrent leur fief de Renaulmont à M. Jean Baptiste Guérin de La Marche qui en 1753 remplissait les fonctions de Procureur du roi prés la ma Royale de Charmont; Il n'acquit la terre de Renaulmont qu'en 1769 ou 1770.

Ses enfants furent les derniers possesseurs du fief avant l révolution. Nous entrerons successivement dans des détails sur les trois familles que nous venons de citer.

Les deux dernières devant trouver place dans un autre chapit nous allons parler dans le chapitre sept, des Garlande qui, dès le 12ème siècle, organisèrent Charmont en Commune et en furent l bienfaiteurs.

Chapitre 7.

La famille de Garlande.

L'Histoire de Charmont est celle de ses Seigneurs et des principaux événements politiques ou administratifs qui ont influé sur le pays.

Nous pouvons dire, sans craindre de nous tromper, que le village se trouvait, pendant la domination romaine et sous nos premiers rois, sur l'un des principaux passages des barbares, et qu'il a dû souffrir de toutes leurs invasions, et de tous les efforts faits pour les repousser.

Attila et ses Huns ont suivi la huitième voie romaine, puisqu'ils étaient campés sur ses bords, et après la fameuse bataille des plaines Catalauniques, ils suivirent, pour se retirer dans leur pays, cette voie trop rapprochée du lieu où nous trouvons Charmont, pour ne pas supposer que leur fuite n'ait été funeste à cette réunion d'habitants.

Les guerres des Ducs et Comtes de Champagne soit avec leurs vassaux soit avec les rois, celle de la Couronne d'Austrasie tant disputée ne manquèrent point de tenir en échec nos malheureuses populations.

En 1100, Gobert de Montchablon et Blanche sa femme rebatissaient Vroil et Bettancourt la longue en grande partie détruits par les guerres des Comtes de Champagne avec les rois Henri 1er et Philippe 1er.

A cette époque, Charmont avait souffert autant que ses voisins: son oratoire en bois était détruit, le principal groupe d'habitations était incendié par des hordes de partisans.

Il avait alors pour Seigneurs, comme le château de Possesse qui était désigné sous le nom de fief de St Florence, une famille qui devint bientôt très puissante, et avec laquelle ainsi qu'on va pouvoir, les Rois de France eux-mêmes durent compter, c'était celle des Garlande.

Ils firent reconstruire le village, son château, son église qui fut depuis plusieurs fois détruite, de même que le prieuré de St Nicolas voisin de l'Eglise, dont l'existence est constatée dès cette époque ; ils affectionnèrent particulièrement Charmont où ils étaient seuls Seigneurs ; il n'est donc point hors de propos de remonter à la source de leur puissance.

C'est à Mézeray d'abord, puis au cartulaire de l'abbaye de Notre-Dame de Monthiers en argonne, que nous empruntons ces détails.

Voici ce que nous apprend le premier :

« De toutes les fascheries que les troubles du Royaume faisaient « éprouver à Philippe Ier, la plus grande était celle que lui causait la « maison de Montléry ; or, le roy pour se délivrer des fascheries que lui « causait cette maison, accueillit avec de grandes démonstrations d'amitié « Guy le Rouge, fils puîné du Comte de Montléry et lui remit la charge de connétable « en même temps ou à peu près, Guy maria sa fille âgée de 10 ans, au Prince Louis « qui avait été désigné roi par son père, l'autre fille de Guy fut mariée longtemps « après à Anceau de Garlande.

« Miles vicomte de Troyes mécontent du partage de la comté, « assemble ses amis, et particulièrement Anceau et Etienne de Garlande « qui avaient crédit dans la noblesse, et avec eux, assiège le château de « Montléry où était pour lors la comtesse de Rochefort et Luciane sa fille.

« Rochefort accourt avec ses troupes, trouve moyen de gagner les « Garlande et met en fuite les troupes du vicomte de Troyes son neveu ; cela « fait, il ramène la jeune Reine en cour, et remet les Garlande dans

« les bonnes grâces du roi.

« Le pape Pascbal II (1107) dans le concile de Troyes, soit par le « zèle des prélats, ou par la suggestion du Roi Louis, prononça la dissolution « de son mariage non encore consommé avec Luciane sur cause de parenté « dans le dégré défendu.

« Dès que les Garlande eurent supplanté Guy de Rochefort, et « qu'Anceau qui était son gendre, se fut emparé du prince Louis, il « changea d'affection comme de fortune; le divorce de sa fille et son « éloignement de la cour le mirent aux champs, et ceux qui avaient causé « sa disgrâce ne manquèrent pas de noircir toutes ses actions pour le rejeter « dans les crimes d'où ils l'avaient tiré.

« Son capitaine du château de Gournay ayant pris quelques « chevaux du roi, les Garlande irritèrent si fort l'esprit du prince Louis « qu'il alla en toute hâte assiéger la place qui résista même à son « artillerie (Mezeray entendait par là, selon le langage du temps, « les machines de guerre) mais retournant au siège, reçut le château à « composition et le donna aux Garlande.

« 1109 — La guerre suscitée par Rochefort et ses amis, ajoute « l'historien, continuait toujours. et la faveur des Garlande allait croissant, « durant ces brouilleries: ainsi, des cinq grandes charges de la couronne, « les quatre frères en tenaient trois:

« Anceau celle de sénéchal, Etienne le second celle de chancelier, et Gissebert le troisième celle de Grand Boutellier.

« Hugues du Puiset fils de Guy de Rochefort qui s'était révolté pour « la troisième fois, tua Anceau de Garlande grand sénéchal et favori « du roi.

« 1116. Guillaume le plus jeune des Garlande recueillit la charge «de Sénéchal, par la grâce du roi; il ne la tint que deux ans aubou «desquels étant mort, son frère Etienne en fut pourvu en 1120 sans quitter «celle de chancelier, ni diverses autres charges qu'il possédait.

«Etienne qui avait été chancelier de France sous Louis 6 fut «nommé évêque de Paris avant Pierre Lombard dit le Maître des Sentence

«Mathilde sa nièce fille de Guillaume de Garlande aida de «ses libéralités la fondation d'un monastère de filles de l'ordre de Citeau «au Port Royal»

Voilà, d'après l'histoire, l'origine et les progrès de la puissance de ces Seigneurs.

Nous allons parcourir, aidé de l'ouvrage de M. E. de Barthelen les chartes de l'abbaye de monthiers en argonne, seulement en ce qui concerne les Seigneurs et le village de Charmont dont l'abbaye n'est distante que de deux Kilomètres, et celles de la Neuville au temple, qui avait des droits importants dans ce pays.

Nous avons laissé Etienne de Garlande Evêque de Paris en 1159, époque présumée de sa mort d'après la prise de possession de son successeur, sa nièce dut lui survivre; nous arrivons donc sans lacune à l'année 1197, époque où nous trouvons Anceau de Garlande, qui sera pour nous le second du nom, et Sophie sa femme, reconnaissant les dons faits par eux à l'abbaye de Monthiers en Argonne.

A la même date, les mêmes rendent tous les biens en terre et forêts qu'ils avaient pris à l'abbaye «Quidquid aliquandiu injuste et violenter «detinuimus, causâ Dei, et pro salute animarum nostrarum libenter et juste «restituimus» «Ce que depuis longtemps nous avons retenu avec injustice et «violemment, nous le restituons de bon cœur et avec justice, pour l'amour «de Dieu et le salut de nos âmes.

1215. Anceau de Garlande troisième du nom et Alix sa femme reconnaissent qu'Anselme leur père a donné 40 sols de monnaie de Provins, à l'abbaye de Possesse, pour l'entretien de la lampe du grand autel.

1217. Le même s'oblige à protéger l'exploitation de la forêt *Vendagium nemoris* en faveur des moines de Monthiers, pour le repos de l'ame de Renard de Dampierre son cognat ou parent au dégré successible.

1229 Accord entre le comte Thibault de Champagne et Anceau de Garlande pour la garde de l'Abbaye de Monthiers, et pour les fermes de froidcul et Youral; (*pro grangiis frigidi montis et Guidonis vallis.*)

Henri et Lambert Bouchutus, le premier qualifié du titre de Chatelain de Vitry maintiennent des droits et privilèges considérables à Garlande sur l'abbaye; décident qu'il aura le Thonneu ou Thonlieu (droit proportionnel) sur tout ce que vendront les moines et que les contestations seront portées devant la cour du Comte de Champagne.

1234 – Anceau de Garlande déclare avoir aumoné, à l'abbaye pour le repos de l'ame de son épouse, et en indemnité des violences commises par lui contre les moines, Cent arpens de sa forêt de Charmont vers la voire (Vierre), et le péage du pont de vadivierre (*vadum veriæ*, Gué de la Vierre)

1237 Charte de Jean de Baroth archidiacre de Châlons, relative aux discords entre l'abbaye de Monthiers, et Anselme de Garlande; les moines accusaient celui-ci de faire couper leurs bois, et de les conduire à son chateau fort, de leur avoir pris quinze chevaux et quarante six vaches et bœufs, et d'avoir plusieurs fois maltraité leurs hommes de corps (Serfs)

Les griefs d'Anselme étaient que les religieux avaient reçu

parmi eux malgré lui de ses hommes de corps; qu'ils avaient fait t
un bourgeois dudit Seigneur, et qu'ils avaient acquis des domaines so
sa justice, sans son autorisation.

L'archidiacre décida qu'Anselme rendrait 80 livres pour le l
4 livres par cheval, et 30 sols forts par bête à cornes; qu'il agirait
suivant sa conscience pour violences faites aux gens de l'abbaye; q
pour les coups portés par les siens à l'abbé et à des religieux dans l
cloître de saint Étienne de Châlons, où ils venaient se plaindre, cel
avait été fait sans ses ordres.

A l'egard des griefs contre les moines, l'archidiacre décla
se les reserver pour en decider à sa volonté.

1248. Anceau de Garlande reconnait aux religieux le droit
de pêcher une fois par semaine dans les étangs de Possesse, et dans le
fossés, pour le service de l'infirmerie

Pour racheter les dommages causés, il y ajoute, du consenteme
de sa femme, un jour de plus, en bateau.

1292. Anceau de Garlande écuyer et Jode sa femme, énumèren
les discords élevés l'abbaye, d'une part, et eux mêmes et leur oncle le cheval
d'autre part, ils renoncent au ban, justice, garde et seigneurie de l'abbaye
de son coté, l'abbé renonce à son droit d'usage pour brûler et bâtir, sur
le bois de Soubel, ainsi qu'à differents autres droits, et obtient entr'autre
choses le droit de pêche au moulin de Possesse, et la chasse au bois du
Chétif Chatel (Petit chateau aujourd'hui chefchatel).

1299 Le Comte Thibault de Champagne annonce qu'Ancea
le jeune, et Sophie sa femme ont renoncé à leurs prétentions de droi
et justice sur l'abbaye.

1316. Devant le Bailly de Vitry, Pierre le jumeau, Anceau de

Garlande Seigneur de Nouvel cite les moines pour qu'ils ne puissent jouir des pâturages de Charmont et Charmontel, il est débouté de sa demande.

Nous trouvons dans les cartulaires de la Neuville au temple,

La donation en 1217 par Jean de Garlande aux templiers, du domaine de Beolon sur le territoire de Charmont.

En 1265, nous rencontrons le nom de Réné de Garlande.

En 1226 celui de Gissebert Paganus de Garlande qu'on prétend avoir été tué en Palestine aux cotés de St. Louis avec trente quatre autres chevaliers.

En 1335, Alix de Garlande était châtelaine de Bar le duc.

Dans ces diverses phases de bienfaits et de discordes entre les Seigneurs et les abbés, on voit que le froc ne le cédait en rien à l'epée de connétable.

Jean de Garlande qui vivait en 1336 mourut sans postérité.

Le dictionnaire de la noblesse par De la chesnaye des Boys apprend que cette famille avait pris pour blason, d'or à deux fasces de Gueules et qu'après Guillaume premier, elle eut sept Générations.

Il sera question ailleurs des autres Seigneurs; nous allons parler de Charmont et de ses dépendances sous le rapport administratif et judiciaire pendant les temps féodaux et jusqu'à la révolution.

Chartes de Charmont.

Mais nous ne devons point terminer l'histoire des Garlande, sans mentionner ici la donation faite par l'un d'eux en 1223 aux communes de Charmont, Possesse et Bussy le repos.

Voici la traduction de cette charte qui n'existe pas en latin aux archives de Charmont, comme le croit M. de Barthelemy, mais dont la copie elle même n'est certifiée que par Pierre Laurent agent municipal à Charmont, sur le compulsoire de 1613, fait de la copie de charte délivrée devant Jean Lacoste, licencié ès-lois, Chanoine de Lao Conseiller du Roi, notre sire, et garde scel de la Baillie de Vermand à Laon, le septième jour du mois de novembre 1500 par François Jo et Jean Arnoult, demeurant à Châlons commissaires établis, qui attestent avoir tenu et tiré de mot en mot, certaines lettres don la teneur suit:

« Je Anceau de Garlande et Alix ma femme, savoir « faisons à tous ceux qui ces présentes lettres verront et orront, que po « l'amour que nous avons en nos bourgeois des villes de Posses « Charmont, Bussy le repos et froidcul, pour l'entretien desdites vi « nous leur avons donné et donnons par ces présentes à nous apparten « les bois appelés les Bâtis et hautes tailles ainsi après déclarés, comm « ils se consistent et comportent, commençant les dits Bâtis au Ru Jar « tirant à la Croisette, et de la Croisette tirant à Maugarnies, c'est « savoir que les bourgeois d'icelles villes en pourront prendre et coupe « pour édifier et en revendre et disposer les uns avec les autres pour en « faire leur profit, sans en mésuser, et quoi qu'ils en mésusent, ils « paieront 60 sols d'amende à nous et à nos successeurs.

« Et en outre seront tenus chacun Bourgeois de payer un den « Tournois le lendemain de Noël par an, à peine de 5 sols d'amande « pour les refusants comme dette.

« Et pour ce que nous reservons pour ce que nous avons à fair « pour l'entretien de nos maisons et chateaux, et nous en pourrons prend « où bon nous semblera et aussi pour nos francs honneurs sans en mes « ainsi que les dits bourgeois.

« Et pour que ce soit ferme et stable, je Anceau de Garlande

« Seigneur de Florence et autres villes ai scellé de mon propre seel, qui furent « faites l'an de Grace le jour de la circoncision de N. S. J. C. M. C. C. XXIII. »

Voici la traduction d'une autre charte donnée par Godebert de Garlande en l'an 1277 et qui provient de la même source que la précédente.

» A tous ceux qui ces présentes lettres verront et orront:

» Godebert de Garlande chevalier, conseiller, chambellan du roi » notre sire, Seigneur de Florence la petite, de laquelle il y a quatre villes » qui dépendent d'icelle situés et assis en la dite terre de Florence, c'est » à savoir. Charmont, Montbayet, Bussy et froideul, desquelles ledit » Godebert est le Seigneur, mais chacun des dits villages ont chacun leur » finage à présent, et c'est afin que les dits bourgeois de Charmont jouissent » de leur finage dessigné et aborné avec les finages voisins tout à l'entour » de leur fin, et afin d'entretenir et mettre leur finage en bon état sans » entreprendre sur leurs voisins; et à enfin ledit Godebert consenti d'aller à » l'entour dudit finage de Charmont avec les dits bourgeois et plusieurs » autres des villes voisines qui étaient joignant au finage de Charmont.

» Et ils se sont trouvés ensemble et ont aborné toute la fin, » tant par bornes, fossés termes et autant de basses et renseignements » comme cy après.

» Premièrement commencera le dit finage de Charmont à un » lieu dit le pont Seché allant parmi le Paquis de Arunel, tenant au bois » de Messire Charles de Jonchières et les usages, et .... » de Bettancourt et Vroil, en tirant à un Ru qui est appelé Gardon, » et monte au long dudit Ru, jusqu'à la fin de Bettancourt et les Bois » appelés Maugarny ainsi qu'ils se comportent, jusqu'au Grand chemin » Royal, en allant aux bois de l'abbaye de Montbiers en Argonne, et tout » au long des dits bois de l'abbaye, jusqu'au lieu appelé Gjurémont,

«et de Jurémont à un chemin allant ainsi que les bornes qui s'
«suivent, jusqu'à une borne qui sépare trois finages, c'est Charmo
«Monthiers et Florence; et la dite borne est assise en un bouchon
«audessus de Bonneraupré, à une autre borne qui s'appelle Bonneraucha
«et audelà s'en va parmi un étang appelé la Curerte droit à un po
«auprès de la ficonaye, à la portée derrière Florence, et du poirier, droit
«une fontaine qui s'appelle la fontaine des Transpelliers (Templiers)
«est au long du bois de messire Godebert, en allant le long du Rû
«Braux, jusqu'à la chaussée d'un étang appelé Harauchois, en alla
«parmi Ribéchamp, tenant au poirier cloué qui est à Ribechamp, leq
«poirier sépare trois finages, c'est la fin de Charmont, la fin de Floren
«et la fin de St Jean, droit au long des bois des dits Seigneurs et des usa
«de Vernancourt, jusqu'à une borne qui a aborné au Marlier, et dela
«au pont fécbé.

«Tous delits faits au dit finage doivent s'amender au dit Char
«et quiconque sera pris au Bois des dits Seigneurs doivent être emmen
«et emprisonnés au dit Charmont.

«Le majeur de Charmont doit soigner la prison et aura po
«loyer de la dite prison douze deniers, et le Seigneur à qui seront l
«bois aura l'amende.

«Et les bourgeois de Charmont pourront mener leurs bestiaux gros
«menues par toute la fin, bois des Seigneurs et autres, en tout temps, so
«forfait, et sans que l'on leur puisse mettre défense et empêchement, ex
«les pourceaux quand il y aura de la Glandée au bois, depuis la St R
«jusqu'à la St Adrien.

«Et afin que les Bourgeois du dit Charmont fussent plus
«comptants et assurés, de leur propre finage,

« Nous Godebert de Garlande Seigneur de Florence et autres « villages y attenant, avons aprouvé et scellé de nos sceaux ordinaires en « soutenant et garantissant le dit finage comme il est déclaré.

« Les témoins de nos sceaux:

(Leurs noms ne sont point sur la copie) approuvé le quinzième jour du mois de mai de l'an de notre Seigneur J. C. mil deux cent soixante dix sept. (M. C. C. L. XXIII).

Tel est le texte que nous avons trouvé sur trois anciennes copies; la première dans le compulsoire de 1613; la seconde dans une déclaration des habitants de Charmont par Drouot syndic en 1681; et enfin la troisième dans le registre des délibérations de la municipalité de Charmont en 1790 sous la signature de Laurent agent municipal.

Nous n'osons dire que dans ces diverses copies faites par des personnes peu compétentes et en différents temps, le texte n'ait été plus ou moins altéré et n'ait beaucoup perdu de son cachet du 16e siècle époque de la traduction primitive; nous avons rencontré ça et là quelques copies particulières où les mots ont été souvent défigurés; quant à nous les trois copies officielles que nous avons cité nous ont servi de bases pour réintégrer non le sens qui est partout le même, ni les tournures de phrases, mais les mots qui nous ont paru altérés de façon à n'avoir aucune signification, laissant aux copistes précédents, la responsabilité de leurs variantes.

Chapitre 8ème

Etat des personnes et des biens,

Pour l'intelligence de ce qui va suivre, il est bon de dire un mo de l'état des personnes et biens après l'établissement des Francs dans la Gaule.

Lors de leur invasion dans ce pays, les francs s'emparèrent des domaines qui appartenaient aux vaincus, comme avaient fait avant les Visigoths et les Burgondes; les Gaulois furent peu ménagés dans le principe, mais ils eurent dans la suite, la faculté d'acquérir les privilè réservés aux francs, en abandonnant les lois Romaines.

Les terres, sous les Francs, se divisaient en trois classes; les alleux, les bénéfices et les fiefs.

Les alleux ou terres libres étaient celles dont les barbares s'étaien emparés par la conquête, et ensuite celles dont ils avaient fait l'acquisi par succession ou achat.

Les bénéfices étaient des terres appartenant aux Rois ou chef et que ceux ci donnaient à leurs compagnons appelés Leudes ou fidèl pour se les attacher, ou pour récompenser leurs services.

Dans le principe les bénéfices n'étaient accordés que pour un temps, souvent jusqu'à la mort des donataires, plus tard les leude devenus plus puissants s'attachèrent à rendre ces concessions héréditair

Les terres de la troisième classe ou fiefs étaient appelées Tributaires parceque leurs possesseurs étaient assujétis à payer un tribut à un supérieur ou à lui rendre des hommages ou des services personnels.

Par suite de cet division des biens, les personnes étaient

hommes libres, bénéficiers ou tributaires.

Les hommes libres étaient les propriétaires d'alleux qui ne devaient à personne ni tribut ni hommage. Ils n'étaient tenus à l'égard de leurs souverains qu'à les suivre à la guerre, et seulement pendant un temps limité.

Les bénéficiers ou leudes formaient une noblesse secondaire attachée au service de ceux qui avaient conféré ces bénéfices.

Les tributaires ou colons étaient en quelque sorte des fermiers payant un cens ou redevance pour la jouissance des biens.

Au dessous de ces trois classes étaient les serfs, dont la condition n'était pas l'esclavage proprement dit, mais de passer d'un maître à un autre avec la terre où ils vivaient, ce qu'on appelait être attaché à la Glèbe.

Ces explications nous amenèrent directement à la féodalité.

Les nobles prirent différents titres, tous militaires.

Les Ducs ou les chefs, les Comtes ou compagnons d'armes, les Marquis ou défenseurs des marches ou frontières, Barons ou hommes courageux, (en saxon Bar, Ber, en latin Vir, et les chevaliers (Milites).

Au temps des croisades, ce dernier titre fut pris par tous les nobles, quelle que fût leur qualification; et la chevalerie fut la réunion de tous les nobles guerriers.

Les bénéficiers et tributaires relevant de la Couronne furent appelés feudataires; et vassaux ou arrière vassaux quand ils relevaient d'un titulaire de dignité supérieure; leurs propriétés devinrent des fiefs ou arrière fiefs.

Mais à partir du 12e siecle les rois de France à l'exemple de

Louis le Gros, et à leur suite les Seigneurs donnèrent et le plu souvent vendirent aux paroisses des chartes d'affranchissement de l l'établissement des communes.

Les communes affranchies par les rois prirent le titre de m royales, données le plus souvent, comme certains fiefs, à titre d'engagem aux Seigneurs, pour amortir des dettes de l'État envers eux, ou pou les récompenser des services rendus. Ces engagements étaient temporaires ; c'était une espèce de bénéfice.

Chapitre 9ème

Charmont et ses dépendances avant la révolution.

Nous avons dit que les Garlande avaient donné de bonne heure, d'importantes franchises à Charmont et l'avaient érigé en commune, mais il relevait alors de vassaux des comtes de Champagne, ce n'est donc qu'après la réunion de cette province à la France, qu'il fut désigné sous le titre de Mairie Royale.

Ses dépendances étaient :

Le hameau de Charmontel composé de plusieurs censes et habitations.

Le fief de la folie situé dans ce hameau ;

Le chateau et fief de Renaulmont ;

Le chateau et fief de Marginville ;

Celui de Maulgarny ou Mont Garnier ;

Le franc alleu de Beslon ;

La cense de Mauparty ;

Le fief de soubel ;

La cense autrefois fief de Voujeux

La cense de Monthiéval ;

Diverses censes, fermes ou dépendances avaient été détruites par les guerres à des époques plus ou moins reculées ; ce sont :

Le prieuré de St Nicolas ;

Le bois des Bourgeois,

Le moulin à vent,

Le moulin à eau de Vambel,

Le hameau de la côte au Sureau, la Siège, le château de Marginville

les Tuileries du Bouchot, la petite Maugarnie, Chef Chatel, le Cunig
Marquisson.

Ce sont autant de jalons indiquant les divers emplacemen
occupés autrefois par le village, en groupes considérables ou en ma
isolées.

On prétend que le hameau de Charmontel était autrefois
village distinct mais quelle qu'ait été son importance à diverses époque
nous avons la preuve que dès le 12e siècle il n'était qu'une section
de la communauté de Charmont.

Chapitre 10e.

Mairie royale de Charmont.

Nous croyons que la splendeur de la famille de Garlande et peut être son nom se sont éclipsés après les Croisades dont l'effet a été si funeste à la puissance des Seigneurs.

L'autorité Royale s'est établie sur leurs ruines à Charmont au commencement du quatorzième siecle.

De nouveaux privilèges furent concédés, mais ces concessions n'étaient pas gratuites: les habitants non nobles étaient soumis à diverses redevances fixes ou accidentelles, personnelles ou foncières, rachetables ou permanentes connues sous différents noms suivant leur nature, nous nous contenterons d'énumérer dans un chapitre spécial les droits féodaux dont nous avons trouvé la trace dans les titres et déclarations relatifs à la communauté de Charmont.

Le roi avait sur cette communauté, la directe ou droit de sire.

Au quinzième siècle la famille d'Ambly possédait les fiefs de Renaulmont et de Marginville, et avait en même temps l'engagement de la mairie Royale.

Dés avant 1726, le Duc d'Orléans lui succéda dans le titre d'engagiste, et elle ne conserva plus que ses fiefs et ses terres d'alleu.

Le domaine engagé du duc d'Orléans fut cédé par contrat passé devant deux notaires de Joinville le 11 juillet 1726 au Sr Claude Flandos fermier Général de Mg.r l'Évêque de Châlons, demeurant à l'abbaye de Monthiers en Argonne, par bail emphytéotique de 99 ans moyennant 20 sols de cens et 1600 livres de sur cens et redevances portant lods et ventes au profit de son Altesse Royale et ses successeurs,

« avec saisine, amende et autres droits seigneuriaux et à la charge de p
« en outre au S.r Curé de S.te Nicaise de Châlons, huit septiers de
« en l'abbaye de trois fontaines. »

D'autres fiefs existaient encore sur le territoire.

La mairie Royale de Charmont était dans l'origine admin
par un mayeur, des échevins et un procureur syndic.

Ils étaient à la fois de l'ordre administratif et de l'ordre judici

Plus tard les échevins ne furent plus qu'administrateurs de l
communauté, et la justice était rendue par deux juges reçus ou agréés a
Baillage, assistés d'un Procureur fiscal, d'un Greffier, d'un sergent et d'
géolier. Le plus souvent les mêmes personnes réunissaient les deux titr
de juges et d'échevins

La haute, moyenne et basse justice s'y rendait au nom du
mais comme les possesseurs de fiefs jouissaient aussi du même privil
sur leurs terres, les justiciables ne savaient par qui ils devaient êtr
jugés, et souvent ils étaient repris et condamnés par l'un quand il
avaient été absous par l'autre, ou bien ils payaient l'amende à to
les justiciers à la fois.

Il y avait encore les cas royaux et les cas prévotaux, jug
les premiers aux grandes assises ou champs de mai, par les délégués d
parcourant les provinces, les seconds par le prévot du ressort.

Loyseau, célèbre jurisconsulte du 17ème siècle, s'exprime a
dans son discours sur les justices de villages:

« Il est difficile de distinguer les limites de ces juridicti
« qui ont varié suivant les temps et les lieux. La confusion des just
« en France n'est guère moins grande que celle des langues lors de
« Tour de Babel, nous voyons aujourd'hui, ajoute t il, qu'il n'y

« pas de petit gentilhomme qui ne prétende avoir en propriété, la justice « de son village ou de son hameau; tel même qui n'a ni village ni « hameau, mais un moulin ou une basse cour, veut avoir justice sur son « meunier ou sur son fermier, tel encore qui n'a ni basse cour ni moulin « mais le seul enclos de sa maison, prétend avoir justice en l'air, sur « les oiseaux du ciel, disant l'avoir eu autrefois. Je le dis après l'avoir « essayé; qu'on lise toutes les coutumes qui ont traité des justices, on n'y « trouvera que diversité et confusion; qu'on étudie tous les auteurs anciens « et modernes, on n'y trouvera qu'absurdité; qu'on y rêve à part soi, il « sera bien habile celui qui, parmi cette grande variété de temps et de « lieux, pourra choisir une résolution assurée et équitable. »

Après un pareil témoignage, il n'y a pas de honte à avouer que nos recherches n'ont servi qu'à nous rendre sur ce point, un peu plus incertain que nous n'étions.

Outre le roi, les Seigneurs des fiefs de Renaulmont, de Marginville, de la folie, de Maulgarny, prétendaient exercer la haute et la basse justice, de même que le Seigneur de Bettancourt sur Soulsel, celui de Donjeux autrefois sur son fief et les Commandeurs de la Neuville au Temple sur Beslon.

La justice royale de Charmont relevait de la Prévôté de St Dizier, du Baillage et de la maîtrise des eaux et forêts de Vitry le français.

Les audiences se tenaient sous une vaste halle construite sur la place publique, dès avant le règne de Henri II qui institua trois foires à Charmont.

Selon Loyseau, le haut justicier était le seul qui eut droit de construire une halle sur la place publique, et de l'utiliser à son profit, pour l'indemniser de la charge qui lui incombait d'entretenir les rues et places publiques, cette prérogative devint un signe de la hau-justice comme la Géole, les piloris et les échelles.

Les cas déférés à la maitrise des eaux et forêts, se jugaient, ou, par un lieutenant de gruerie, dans une allée de chênes qui borde le bois de Maugarny.

On n'a pu nous indiquer où se trouvait la prison; elle n'ex plus dans les dernières années qui ont précédé la révolution, car l incarcérations du temps de la terreur, se faisaient dans un chambre dépendant d'une maison particulière, la place nature de l'ancienne prison devait être l'emplacement actuel de la mai commune qui a pris la place d'une clouterie, mais nous ne pouvo rien affirmer à cet egard.

La charte de Godebert de Garlande de 1277 precitée, porte:

« Tous les délits faits au dit finage seront amendables audi « Charmont, et quiconque sera pris dans les bois des dits seigneurs doi « être amenés et emprisonnés à Charmont. Le mayeur dudit « Charmont doit soigner la prison, et pour loyer de la prison, aur « 12 deniers, et le seigneur à qui seront les bois aura l'amende. »

Pendant le moyen age, les officiers municipaux et judiciair étaient nommés par l'élection des habitans; ce droit d'élection fut enlevé comme beaucoup d'autres pendant le quinzième siècle, et ce fut à cett époque que s'opéra la séparation de l'autorité civile et du pouvoi judiciaire; celle-ci devint vénale.

Le droit d'élire les magistrats municipaux fut rendu aux habitants des Communes par l'edit d'Aout 1764, pour leur être de nouve enlevé par l'édit de Novembre 1771, et ce ne fut qu'à la révolutio que la loi du 18 Xbre 1789 donna aux communes, une organisation uniforme.

Nous allons donner ici quelques noms de fonctionnaires municipaux et judiciaires tels qu'ils se sont présentés dans nos recherches:

1613. Ouriet, notaire,
1613 Claude Jacquelot, principal habitant,
1653 Maupart Claude Maupast ou Maupas notaire,
Playet, Procureur syndic,
P. Gruaux, son lieutenant,
1660 les mêmes;
Pierret, sergent,
1678-1680 Maupast et Lefèvre, notaires royaux,
Nicolas Maupast, syndic,
1681 Pierre Drouot, syndic,
Jean Ouriet, juge,
1727 Pierre Potel, juge,
Pierre Lescuyer, lieutenant de Mr le Chevalier,
Procureur du roi,
1746 Jean Gruaux, Greffier,
Nicolas Riché, lieutenant du procureur du roi,
Thomas, Lescuyer, juge échevin,
Pierre Jacquemin,
1748 Pierre Gruaux,
Claude Jacquelot,
Claude Playard,
et Poncette, juges échevins,
1753 Pierre Gruaux, juge,
Etienne Hennant, juge,

Jean Bte Guérin de la Marche, procureur du roi,
Claude Fallon, maire Royal,
François Lescuyer, sergent,

1765 Bayard, Procureur-syndic,

1769 Jean Gruaux, juge,
Louis Leclerc, Greffier,
Jean Folliet, Procureur-syndic,
Balthazar, employé des fermes du roi.

1775 Thomas Goyaux, maire,
Charles Potel, premier huissier,
François Pierrette, huissier.

1781 Fallon, juge,
Hermant, Greffier,

1781 Bail du Greffe à Dominique Lechaudel moyennant 29 livres par an.

1785 Membres de la municipalité:
Nicolas Riche,
Pierre Gruaux,
Billeux St Germain,
Jacquemin,
Pierre Dralez,
Nicolas Laurent,
Gillot,
J. Bayard,
Jean Lescuyer,
Nicolas Piat,
P. Virot,

Pierre Draley, collecteur,

1787 Gilbert.

Charles François Lefèvre,

Couttenet J. B.te,

Brigadiers des fermes et Gabelle.

D'autres noms nous ont échappé dans nos recherches, préoccupés que nous étions d'autres découvertes.

Dès le seizième siècle, il existait à Charmont des notaires royaux, leur résidence n'était pas obligatoire, ils habitaient quelquefois St Mard sur le mont ou Hettancourt.

A une époque, nous remarquons clairement deux titulaires à Charmont, ce qui est constaté pour nous par plus de deux cents déclarations faites de 1678 à 1681, au papier terrier du roi, et reçues en brevet par maupast et Lefevre ci-dessus denommés, collectivement.

Il y a lieu de supposer que Charmont et St Mard ne formaient qu'un seul et même titre et que le second était celui des notaires résidant soit à Charmont soit à Hettancourt.

Nous n'avons pas de notes bien précises sur la série chronologique des titulaires avant 1745, en citant la date des titres où nous avons precisé, nous trouvons les noms suivants des notaires royaux à la résidence de Charmont:

Claude Ouriet, 1613;

Claude Maupart ou Maupast ou maupas 1643.

François Maupas et Jacques Lefèvre, père exerçant en même temps en 1678,

Ouriet 1700;

Pierre Lefevre et Gillet ce dernier résidant à Hettancourt 1727.

Gillet ayant à cette époque été nommé contrôleur des domaines son office fut supprimé.

Jean Jacques Lefèvre 1730 environ.

A partir de 1745 l'étude possède le dépot des minutes des notaires suivants.

Jean Jacques Lefèvre, le même qui précédemment résidait à St Mard de 1745 à 1759.

Jean Nicolas Varin, de 1760 à 1768.

Jean Jacques Pierrette de 1768 à 1775

Jean Baptiste Lescuyer de 1775 à 1809

Pierre Jean Lescuyer du 16 9bre 1809 au 17 février 1829.

Adrien Félix Desaux du 19 février 1829 au 24 mars 1845.

Claude Charles Remy, du 24 mars 1845 au 20 janvier 1859

Philippe Auguste Demassue du 20 janvier 1859 au 19 juin, 186

Jean Baptiste Collin.

Note: Depuis cette époque M. Collin avait cédé sa charge à M. Louis Eugène Petit, qui s'est démis en faveur de M. Collin après deux ans environ d'exercice, en 9bre 1866.

Chapitre 11.ème

Hameaux, fiefs, censes et autres dépendances.

Nous trouvons en première ligne, le hameau de Charmontel, que quelques uns prétendent avoir été une communauté séparée d'habitants indépendants de Charmont.

Malgré la distinction faite entre Calvi Montis et Callimontis ou Calmontelli, de Charmont et Charmontel dans les titres, nous croyons que jamais, aumoins depuis le onzième siècle, époque à partir de laquelle on possède sur ces lieux des documents écrits, le second n'a été séparé du premier, pour la circonscription territoriale et l'administration municipale, sauf diverses modifications pour la section et les droits de justice pour ses seigneurs.

Charmontel avait autrefois une plus grande importance qu'il n'en a aujourd'hui; il comprenait, outre le hameau tel qu'il existe actuellement, et le fief de la folie, les habitations de la côte au Seugnon, peut être les censes de la Siège, des Bourgeois et autres.

Fief de la folie.

Ou plutôt, comme il s'appelait autrefois, la feuillée.

Le fief de la folie, était tenu depuis longtemps par les Seigneurs de Vernancourt, qui en devaient hommage au Roi en son chateau de St Dizier.

Nous n'anticiperons pas ici en donnant les noms des Seigneurs de Vernancourt, nous dirons seulement que ce fief fut vendu comme bien national, après l'émigration de son dernier seigneur, messire Gaston de Mandat, Baron de Nully, grand Bailly de la ville et Baillage de Chaumont en Bassigny.

La déclaration des biens des Seigneurs de Vernancourt attribue à ce fief, la haute moyenne et basse justice.

Il se composait de ce qui suit:

Une maison, chambres, écuries, grange, cour, le tout entou
de fossés avec un pont dormant, jardin et places aux environs;

33 arpens de bois,

94 journels de terre,

16 fauchées de prés

1 garenne,

1 arpent de vigne,

31 journels d'étangs,

Domaine de Charmontel.

Le domaine de Charmontel proprement dit, dont nous n'av
pu trouver de désignation complète était un franc alleu, possédé en 167
par le S.r Claude Maupast notaire à Charmont, Pierre Maupast
Intendant du Comte de Belval, et Robert Maupast, décimateur de
la Commanderie de la Neuville au Temple; la principale habitati
était la ferme habitée aujourd'hui par la famille Jacquelot, qui
l'a acquise en dernier lieu.

Ce domaine a été ensuite possédé par un S.r Maupast
avocat au parlement demeurant à Châlons, où cette famille paraît
s'être retirée.

En 1760 la propriétaire était M.me Thérèse Petrouille
Maupas, veuve en premières noces de M. Charles Lebœuf, seigneur
de Laimont, Fontenay et Alliancelles brigadier des armées du Ro
chevalier de l'ordre royal et militaire de S.t Louis, Directeur des
fortifications de la haute Normandie.

La famille Maupas portait: De gueules au chevron d'arge

chargé de deux couleuvres de sinople accompagné de trois quinte feuilles d'or. Ce blason nous paraît clairement indiquer que cette famille vient d'un pays boisé comme Charmont.

Ce domaine fut vendu à M. Guérin de la Marche déjà propriétaire de la terre de Renaulmont, devant Me Bouillard, notaire à Barleduc le 16 Décembre 1773 moyennant outre les charges et impôts royaux, 5600 livres par les enfants de Mme Lebœuf qui étaient :

Charles françois Emery de Bois logé,

Henry Emery de Bois logé,

Tous deux capitaines au corps d'artillerie,

Dame Petronille Emery de Bois logé, épouse de M. Paul

Philibert Couët du Vivier de Lorey, Chevalier de St Louis, colonel d'infanterie à Charlevilles et Jean Baptiste Lebœuf, seigneur en partie de Laimont et fontenay, capitaine aide major au régiment d'Enghien.

Ces biens ont été revendus avant la révolution à des spéculateurs, avec les autres biens que possédaient les heritiers de M. de la Marche.

Il n'existait, depuis les guerres du siècle de Louis XIV, au hameau de Charmontel, que quelques pauvres maisons autour des deux principales ; les autres avaient été détruites.

La côte au seugnon, dont les habitations doivent avoir été détruites avant la mort du Grand roi, appartenait à M. Pelet ou Playet, procureur du roi à Charmont, résidant à saint Mard sur le mont en 1648 ; le vin de ce crû avait quelque réputation dans le pays.

Il n'était déjà plus question à cette époque, des censes de la Siege, et de Marguesson, ni du domaine de Chefchatel dont la destruction remonté plus haut.

Fief de Renaulmont.

Le château de Renaulmont dont il ne reste plus que les fossés était debout au moins en partie, en 1753. En 1767 il subsistait encore un pavillon, le reste avait été détruit par les guerres et par le feu du ciel, ses derniers vestiges ont disparu à l'exception des fossés.

Son nom de Renaulmont est évidemment d'origine chevaleresque, nous ne connaissons point son fondateur, mais il est antérieur à la fondation de l'Eglise et à la domination des Garlande aux quels il a servi de point de repère, pour bâtir l'Eglise et relever les ruines du village.

Il était fortifié d'abord par sa position sur le plateau le plus élevé du village, il était encore entouré de fossés très escarpés, dont les restes quoique détériorés par le temps défieraient encore aujourd'hui l'assaut.

Il en dominait toutes les entrées et plus particulièrement celles qui étaient plus accessibles à l'ennemi.

Un extrait des registres de la haute justice en 1733 indique que ce château servait de refuge à toutes les paroisses dans le temps des guerres « et que les seigneurs par leur bon avis et force d'armes les ont « sauvés de nombreuses compositions qui ont été requises par les partis. »

Ceci explique pourquoi les Garlande qui n'étaient que co-seigneurs de Possesse en partie, et qui avaient l'humeur guerrière, préféraient cette résidence, du reste Charmont était toujours plus populeux et ils en étaient alors les seuls possesseurs, ils s'y attachèrent surtout par leurs bienfaits.

Après eux le roi paraît être le seul propriétaire de Charmont, mais, le fief de Renaulmont échut et resta à ses seigneurs qui eurent aussi depuis l'engagement de la mairie Royale.

Ce fief le plus puissant si non le plus étendu du territoire, relevait du roi, à cause de son château de St Dizier.

Ce fut aux seigneurs de Renaulmont que resta dévolu le droit reservé en la donation de 1223 de prendre des bois pour l'entretien de leurs maisons et châteaux et pour leurs francs hommes.

Ce droit avait été réglé par abonnement de fief, à un arpent de choix, et quatre chênes aussi de choix, dans la part de ceux de Charmont.

De nombreuses difficultés eurent lieu entre les seigneurs et les habitans pour l'exercice de ce droit, en ce qui concerne la propriété ou l'usage. Nous rencontrons des sentences de 1472, 1515, 1588 et 1661; des ordonnances des eaux et forets de 1540, 1583, 1619, et 1748, et diverses déclarations des habitans de 1619, 1634, 1655, 1678, 1680, etc. nous verrons plus tard que la commune n'a point possédé tranquillement ses bois avant 1858.

A qui le fief de Renaulmont et la mairie Royale advinrent-ils après les Garlande? Les possesseurs n'ont point laissé de traces pendant le 15e siècle nous pensons que les rois les firent administrer directement pendant longtemps. On trouve en 1575 une échange par lequel Delles Esther et Diane d'Apremont filles et héritières de Gérard d'Apremont donnent en échange à François de Rampon seigneur de Renaulmont en partie et Delle Claude Jacquelot sa femme, le fief et terre de Renaulmont, de Marginville et de la petite Maulgarnie, contre un domaine au finage d'Heilz le maurupt.

La famille d'Ambly n'apparaît à Charmont que dans le dix-septième siecle.

Son nom de Cauchon d'Ambly fait penser qu'elle descendait

de la même origine que Pierre Cauchon, Chanoine de Châlons, Evêque de Beauvais, le juge de la pucelle d'Orléans.

Le dernier des d'Ambly est mort à Rheims il y a moins d'un siècle, son épitaphe le qualifie de grand abatteur de lièvres. (Note de M. Jules Garinet)

En 1633 les terres et héritages de Renaulmont Charmont et Charmontel adviennent à M. M. d'Ambly, des Ayvelles et Verget du chef de leurs femmes par la mort et succession de Messire de Treves et de hiéronime de Rampon sa femme.

Le premier connu est en 1633, Messire Robert d'Ambly, Baron de Charmont, seigneur de Beaufort et de Renaulmont.

Après lui viennent:

En 1636, Louis Clériadus d'Ambly, chevalier, seigneur des Ayvelles capitaine au régiment de dragons de Beaufremont, Paul d'Ambly, seigneur de Renaulmont, lieutenant de la compagnie de Gendarmes de M. le maréchal de la ferté 1651.

Celui-ci achète à Messire de Hibecourt, seigneur de Bussy, la coupe à toujours appartenant aux habitants de Bussy dans les bois communaux à partager avec ceux de Possesse et Charmont, et les droits du seigneur, sur les dits bois.

Philibert des Ayvelles seigneur de Renaulmont; Jean Louis d'Ambly, seigneur dudit lieu, 1673; françois d'Ambly, Baron des Ayvelles, Anne de Rosières, veuve de Philippe foucault d'Ambly.

Henriette Adrienne d'Ambly sa fille

1678. Chevalier d'Ambly comte des Ayvelles

1753 Chevalier d'Ambly, comte des Ayvelles, seigneur de Romecourt, maréchal des camps et armées du roi, son curateur honoraire.

Ce dernier dans un sommaire signifié aux habitants par Mᵉˢ Josse rapporteur. Douet d'Arcq avocat, et Thomas de marne procureur en 1753 se plaint de la cabale de quelques ennemis particuliers qui a soulevé contre lui la communauté des habitants de Charmont, au sujet des bois et usages communs.

Louis Charles d'Ambly seigneur de Suzemont de Renaulmont et Charmontel, capitaine de cavalerie au régiment de commissaire Général 1767; c'est le dernier de cette famille qui fut seigneur de Renaulmont.

Les seigneurs d'Ambly d'après le procès-verbal de Caumartin portaient pour blason, *d'argent à trois lionceaux de sable*.

Ils possédaient à Charmont en 1678 le Château et ses dépendances, diverses propriétés attachées à leur fief, et d'autres à titre de franc alleu, entr'autre un étang existant alors au bas du village au lieu dit Vambel; qui avait servi à faire tourner un moulin détruit par les guerres, et qu'ils se proposaient de reconstruire.

Ils payaient au roi 10 sous par an, pour la concession des eaux du village servant à alimenter l'étang.

En 1789, nous retrouvons des membres de cette famille prenant part à la rédaction des cahiers de doléances de l'ordre de la noblesse; mais ils ne portent plus le titre de seigneurs de Renaulmont, ce sont:

Claude Antoine d'Ambly, seigneur de Blaise, commandant pour sa Majesté les faubourgs de Rheims.

Claude Angélique Marie d'Ambly dame de sommeyèvre.

Leur qualité d'engagiste de la mairie Royale de Charmont

était passée en 1726 à Mgr Louis duc d'Orléans Régent de France.

Celui-ci le 11 juin de la même année, par contrat passé devant notaire à Joinville, céda ce droit, à titre de Bail emphitéotique, pour 99 ans à Mr Claude Haudos fermier général de l'évêché de Châlons demeurant à l'abbaye de Monthiers en Argonne, moyennant vingt sols de cens, et 1600 livres de surcens et redevance au profit de son altesse royale et de ses successeurs, et en outre à la charge de payer au sieur curé de St Nicaise de Châlons huit septiers de blé mesure de Possesse et 4 septiers à l'abbaye de Trois Fontaines.

En 1767 Paul d'Ambly ruiné par la dissolution de la Banque Law, vendit son fief à M. le chevalier Louis Guérin de la Marche, qui prit alors le titre de Seigneur de Renaulmont et Charmont en partie.

On trouve dans les actes de l'état civil de Charmont son nom comme procureur du roi près la justice de Charmont en 1753.

Ses enfants héritiers étaient:

M. le chevalier Louis de la Marche seigneur de Renaulmont, officier de cavalerie demeurant à Brienne le château,

M. Jean Baptiste Guerin de la Marche chanoine de la collégiale de Bar-le-duc,

Et Mlle Louise Guerin de la Marche demeurant à Bar le duc.

Ils vendirent leurs propriétés de Charmont avant l'époque de l'émigration, mais postérieurement à la rédaction des cahiers de doléances de la noblesse auxquels le premier prit part en sa qualité de seigneur de Renaulmont.

Le château n'existait plus; il n'y avait plus que les communs qui sont actuellement divisés en plusieurs maisons de culture.

Ces bâtiments furent achetés par Dom Lescornel ancien et dernier procureur de l'abbaye Monthiers, qui fut depuis curé de Possesse et ensuite de Bassuet où il mourut il y a près de 25 ans.

On raconte qu'un ancien moine et deux frères lais du couvent vinrent une nuit à Renaulmont, pour le forcer à découvrir l'endroit où était caché le prétendu trésor de Monthiers, et qu'après l'avoir percé de coups de couteau ils le laissèrent pour mort enfoui sous ses matelas, sa domestique garrotée et baillonnée fut jetée dans les fossés du château, d'où elle fut retirée le matin par des cultivateurs venant abreuver leurs chevaux: son maître respirait encore, et put être bientôt rétabli de ses blessures.

Il évitait de parler de cette scène, mais on sait de lui qu'il avait reconnu ses meurtriers.

Fief de Marginville.

Le fief de Marginville avait un manoir près du Bouchot ou Bauchet, et des tuileries détruites par les guerres; il appartenait aux seigneurs d'Ambly des Ayvelles; au Blason d'Ambly, les des Ayvelles joignaient celuici: D'azur au sautoir d'argent cantonné de quatre merlettes de sable. Marginville est passé à MM. de la Marche avec Renaulmont, en 1767.

Fief de Maugarny

Le fief de Maugarnie ou Mont Garnier appartenant à MM. de Mettancourt, seigneurs de Bettancourt, et de Vroil; le procès verbal de M. de Caumartin à la date de 1673 cite:

François Gaston de Mettancourt seigneur de Bettancourt et Vroïl:

Louis de Bettancourt seigneur dudit lieu.

Leurs armoiries étaient: d'or à la croix de Gueules fretée d'arg

Nous ne parlerons point ici des autres branches de cette famille fort ancienne qui tenait un rang très distingu dans la noblesse Française, tant par son origine que par ses alliance

Nous n'entreprendrons point de faire l'histoire ni la généalogie de cette maison que d'autres ont déja faite, nous dirons seulement qu'elle se lie à la fondation de Mont Garnier, dont le nom est devenu par corruption Maulgarnie, et qu'elle remonte à un sire Garnier de Bettancourt, chevalier cité dans une charte de l'Evêque de Châlons en 1142 cette famille a encore des descendants parmi les quels on compte M. le Marquis de Bettancourt-Vaubecourt qui est venu rétablir à Bettancourt le château de ses aïeux.

D'autres historiens ou Geographes font remonter cette ferme au temps de l'occupation Romaine mais cette opinion est controversée.

M. Valkenaër la confond avec Ariola que les uns pensent être la Maison du Val, et les autres citent comme étant Vroil ou Alliancelles

M. Savy, dans sa topographie de la Marne sous la domination Romaine adopte la première idée, M. de Wailly énonce la seconde, et M. Lesage, Géographe de la marne, penche pour la troisième; quant à nous sans rejeter absolument les opinions émises, nous croyons qu'il ne serait pas invraisemblable de citer comme ruines d'Ariola, la station romaine dont on retrouve les traces à la tuilerie et la ferme de Vadivière, sur la voie Romaine de Rheims à Metz;

Les habitants de Vroil, Bettancourt et Charmont prétendaient à des droits d'usages et de pâturages dans les bois en dépendant.

Antérieurement à 1613, un procès était engagé entre les habitant de Bettancourt et Vroil et leur seigneur au parlement de Paris au sujet des droits d'usages et de coupes de bois de Maugarny.

Les habitants obtinrent des titres royaux ordonnant vérification de tous titres, contrats, papiers et autres renseignement relatifs audit procès.

On trouve à la mairie de Charmont la copie d'un compulsoire fait le 9 Aout 1613 par Claude Collit, sergent royal à Châlons commissaire nommé à cet effet par le conseil d'état du Roi, par ordonnance du 24 juillet, assisté de Claude Ouriet notaire royal à Charmont, choisi par lui pour adjoint.

Les titres des communes leur ont été présentés devant le grand portail et principale entrée de l'Eglise de Charmont.

Messire Louis de Mettancourt, seigneur dudit lieu, de Villers le sec et autres lieux, assigné a comparu par Jean Guillemin son procureur fiscal.

Les habitants de Mettancourt étaient representés par Thomas Rollet mayeur en la justice dudit lieu, et Blaise François son greffier.

Ceux de Charmont, qui y prétendaient aussi des droits, par Jean Jacquelot principal habitant.

Ceux de Vroil et de Bettancourt, par Daniel Legros, greffier en la justice dudit lieu.

Le compulsoire n'ayant point abouti à concilier les parties, on n'a rien qui fasse connaître l'issue du procès.

Le dernier détenteur de ce fief est M. de Lezay Marnezia qui a concouru en 1789 à la rédaction des cahiers de la noblesse.

Les batiments n'ont point toujours été sur l'emplacement qu'ils occupent aujourd'hui on retrouve encore des débris des anciennes constructions à quelque distance et plus prés de Charmont.

La petite Maugarnie dépendait du fief principal

Fief de Soubel

Le fief de soubel appartenait en dernier lieu à la même famille, il était composé de terres, près et bois.

Il nous semble que dans l'origine, toute la propriété dont les bois et les près situés à une assez grande distance portent encore le nom, ne formait qu'une forêt, ainsi que l'indique son nom de Soubel Sorella ou Suella diminutif de Sylva bois ou forêt, elle était traversée par le Ru de jardon, et s'étendait jusqu'au bois du Roi, au milieu duquel elle s'avançait assez profondément, mais sur une faible largeur.

Nous avons des raisons de croire que les terres et près ont été gagnés sur la forêt par le défrichement.

En effet, en 1165, jean de Possesse donne aux Abbayes de Montbiers, de Cheminon, de la Chalade, de Haute fontaine et de trois fontaines l'usage au bois de Soëlla pour le chauffage et la Bâtisse (Charte de montbiers en Argonne N.° 17)

Un peu plus tard, ce seigneur donne en outre aux mêmes abbayes, le droit de bâtir au Bois de Suella, une manse ou bâtiments pour faire des briques ou tuiles, (Lateres) et le droit d'employer le fer et la pierre si l'on en trouvait dans ces bois, (cartulaire précité)

A la même époque (1165) une charte de la Neuville au Temple (n.° 19) indique que le comte de Champagne reconnaît les donations faites par Jean et Hugues de Possesse à la Neuville au temple, de l'usage pour tout ce qui sera nécessaire sur toute la forêt appelée Soella ; « s'ils veulent faire une grange (Grangia, ferme ou bâtiment d'exploitation) « de tous les bois nécessaires pour bâtir et pour tout, et si les frères « veulent bâtir une manse, le droit de défricher deux cents arpens

« de bois pour faire à leur usage particulier et à leur loisir, soit des « champs, soit des prés. »

En 1223 (charte n° 53), transaction entre les templiers et Anceau de Garlande, au sujet des usages que les frères avaient dans le bois de Soubel, pour leurs maisons de Possesse et de Berlau, et sur ce qu'ils devaient essarter 200 arpens de bois; par cette charte il cède aux frères 100 arpens de bois entre Moru et Braux, vers Vernancourt. La mesure d'un arpent, (Jugum ou Juger) peut se compter par le travail d'une paire de bœufs en une journée.

Le défrichement projeté n'en a pas moins eu lieu par d'autres mains; les bois de ce nom sont possédés aujourd'hui par la famille de Vroil, et les terres et prés par différents propriétaires.

Terres de Donjeux.

La terre de Donjeux ou Donjun ou Donjon était sans doute comme l'indique son nom, un château ou Donjon; le chatelain en 1140 était Walter de Donjun dont la fille Oda avait épousé Winien de Rembercourt; Walter avait épousé Isabelle de Possesse. Les enfants de ce dernier étaient Adam, Jacques, Walter, Odon, sybille et Oda, qui y prétendaient tous des droits de seigneurie partielle.

Plus tard il appartint au prieuré d'Ulmoy, jusqu'en 1472 époque où il fut acquis pour la cure de Lépine par Jacques de la Viefville, avec partie des douze cents écus d'or que Louis XI avait déposés sur l'autel de la Ste Vierge de cette église, où il était venu à pied, depuis Châlons, pour accomplir un vœu qu'il avait fait pendant sa détention à Péronne.

Donjeux devint plus tard la propriété du petit séminaire de Châlons.

Nous devons à M.r Jules Garinet des renseignements supplémentaires sur Donjeux;

« C'était, dit il un fief; distrait du petit séminaire, il fu
« remis à une famille composée de trois personnes qui en avaient chacu
« un tiers, c'était probablement celle de Nettancourt.

« Le château de Donjeux fut incendié totalement, il n'en res
« qu'une partie du Donjon, et une immense taque en fonte aux arm
« de Catherine de S.t Blaise et de Claude de Nettancourt; portan
« la date de 1639 ce qui nous apprend qu'à l'époque de l'incendie
« Donjeux appartenait à la famille de S.t Blaize, châtelain de Chang
« par alliance avec celle de Nettancourt.

« C'est des héritiers de cette famille que le domaine de Donjeux
« a été acquis par M.r Joseph Garinet vers 1768; il était chargé d'un
« cens au profit de Notre Dame de l'Epine qui fut racheté en 1790 à
« prix d'argent par le propriétaire de ce domaine; le prix de ce cens
« fut payé à l'Etat, aux droits de la fabrique de l'Epine. »

Terre de Mauparty

La terre de Mauparty formée en partie de bois et en partie de culture provenant de défrichement, possédait des bâtiments de ferme assez importants démolis depuis 70 ans environ; il existe encore des personnes qui sont nées et qui ont été élevées dans cette ferme.

C'était un franc alleu situé sur la limite du territoire de Vernancourt, et communiquant avec Charmont par un chemin communal qui traversait le bois du Roi; ce chemin n'ayant point relevé sur les reconnaissances administratives en temps utile n'existe plus.

Elle était composée de 59 arpens et un quartier, par huit

denrées de 5 ares 49 centiares 78 m.

En 1573 elle appartenait à haut et puissant seigneur Messire Jacques d'Amboise Baron de Bussy, de Saxe fontaine, seigneur de Vareray, Vanault le Chatel et autres lieux, docteur en médecine et recteur de l'université de Paris.

Messire d'Amboise donne pouvoir pardevant les notaires de sa Baronie, à Messire Loys de Hédouville, écuyer, son gentilhomme ordinaire, « de quitter à tous et chacun des habitants « de Vanault le Chatel, certain droit de bourgeoisie, qu'ils lui « devaient, à cause de l'usage qu'ils avaient, au bois de Mauparty, « auquel droit les dits habitants avaient renoncé pardevant « la justice seigneuriale de Vanault le Chatel le 15e jour « de juin 1565. »

Le 26 janvier 1573, en vertu du même pouvoir, Messire de Hédouville vendit la terre de Mauparty, à Louis Rogé, Greffier ordinaire du Baillage de Vermandois, demeurant à Chaalons.

En 1678, les propriétaires étaient Claude Rogé, notaire et madeleine Rogé sa sœur, demt à Chaalons qui l'avaient aquise par licitation entr'eux Marguerite Rogé et Anne Rogé leurs sœurs.

En 1748, elle était possédée par dame Anne Magot, veuve de Messire Claude Haudos, seigneur de Possesse, qui habitait à cette époque à titre de pensionnaire, un appartement à l'abbaye de Monthiers.

Après la révolution, la ferme de Mauparty fut vendue par les héritiers de cette dame, à des spéculateurs qui la divisèrent.

Cense de Motbiéval.

La cense de Motbiéval ou montbiéval, par corruption de Montbiéval appartenait, ainsi que l'indique son nom, à l'abbaye de Montbiers en Argonne dont elle était voisine. Sa fondation devait être relativement récente, car il n'en est pas fait mention dans les titres anciens de l'abbaye; elle se composait de terres labourables et prés; elle n'a subi aucun changement avant la dissolution du couvent, époque où elle eut le sort des biens du clergé. Les bâtiments détruits alors avaient été depuis réédifiés, il ont été enlevés depuis vingt cinq ou trente ans.

Autres biens de l'abbaye de Montbiers.

Les moines dont le couvent n'était situé qu'à deux Kilomètres de Charmont étaient nécessairement propriétaires d'une grande quantité de biens sur ce finage. Un grand nombre de Chartes sont relatives à la donation de sa belle forêt dite du Tremblo situeé sur Charmont; en passant à l'abbaye, elle fut naturellement comprise dans son finage particulier, lequel a été reuni à celui de Possesse.

Cette forêt provenait de dons faits à l'abbaye à titre d'aumône pour le salut de leurs âmes par les seigneurs, notamment par Raoul d'Asthenay (Ste Ménéhould), Hugues de Clabère, Adam de Possesse, Anceau de Garlande de 1158 à 1234 (Chartes 7, 10, et 45)

On peut juger de l'importance de cette belle forêt, puisqu'elle fut vendue en 1834 aux hospices de Reims pour le prix de 1750,000 francs que l'on dit être de beaucoup inférieur à la valeur réelle.

De 1138 à 1165 nous trouvons encore comme donateurs de l'abbaye, Gobert de Fontenay de terres prés et bois à Heltancourt et Charmont (Charte N° 7);

Falcon Renaud, fils de Bovo le Prêtre de Charmont, de ce qu'ils ont audit lieu (Charte n° 57).

Nous avons vu plus haut leurs droits sur les bois de Soubel.

En 1678, le frère Deneyon, promoteur de l'abbaye déclare comme propriété du monastère, une pièce de vigne de douze denrées environ, à Vaulissa, franc alleu.

Domaine de Beslou.

Nous allons énumérer les droits que possédait à Charmont l'abbaye de Laneuville au temple de Châlons.

Le principal domaine était Beslou ou bois le loup par corruption de Belle Eau, qu'il porte dans plusieurs titres à cause des sources de l'étang qu'il renferme; il ne faut pas le confondre avec Berlau, autre domaine de l'abbaye sur le territoire de Bussy le repos; Beslou était très important et se composait d'un bois sur Charmont, de plusieurs étangs sur Possesse et Charmont, et d'une vaste portion de terres sur Vernancourt, qui porte encore aujourd'hui le nom du Temple; il dépendait de la commanderie de Maucourt et était attachée à la maladrerie de Possesse.

Il existait une maison d'exploitation, Grangia.

On verra dans la seconde partie qu'il en dépendait encore, une ferme appelée Braux connue depuis sous le nom de Brousses, qui en était distincte et assez éloignée.

Ce domaine avait été donné en 1217 par Jean de Possesse.

Nous avons faits mention des droits que conférait à

Laneuville sur les domaines de Soulbel, la charte du comte de Champ de 1165, reconnaissant les donations de Jean et Hugues de Possess d'usages de bois a brûler et à bâtir, d'élever une grange et une tuile et même le droit de défricher 200 arpens de bois pour en faire de terres ou des prés.

Par la même charte, Jean de Possesse donnait à l'abbay dix sols par an sur Charmont, 20 sols sur Charmontel.

En 1185 Galterus Piper, chevalier, donne à l'hopital de Possesse toutes les dîmes qu'il possédait sur Charmont, Possess et Bussy, moyennant une rente viagère de 10 boisseaux de blé de 10 boisseaux d'avoine, à la condition que si un de ses enfants fi ou fille voulait entrer dans l'ordre, il y soit reçu.

En 1217 Anceau de Garlande et Alix sa femme approuven la donation faite à la commanderie par Herbert Chapet chevalier Marguerite sa femme, et Jeanne sa mère, de toutes les terres qu'i avaient à Vroil, Charmont Saint Jean et le Terrage de Berlau

En 1223, les Templiers transigent avec Anceau de Garla au sujet des droits que les frères avaient dans les bois de Soulbel pour leur maison de Berlau, et leur donne en échange, cen arpents de bois en toute justice, entre Moru, et Braux vers Vernancourt. (Entre Heiltz le Maurupt et les Brousses)

En 1224, ils reçoivent donation devant Guillaume Evêque de Châlons, de Nicolas de Vitry, chevalier de tous ses biens, situés à Haimmontz (Charmont) et la soignée o usage (Soiegneam suam) sur une maison qu'il avait au dit lieu.

En 1248 une bulle du pape Innocent III reconnait au

Templiers les dîmes de Charmont et de Charmontel.

Après la destruction de l'ordre du Temple en 1312, l'ordre de St Jean de Jérusalem succéda sans commotion aux biens des Templiers, mais on remarque que ces biens ont beaucoup diminué à Charmont.

En 1683 Robert Maupas mandataire d'Etienne d'hautefeuille, commandeur de la commanderie de la Neuville au temple indique dans sa déclaration au domaine, ce que l'ordre de St Jean possède à Charmont.

« Prés aux Bérodies, 14 faucilles,

« Bois du temple ou du trempe, 3 arpens

« Un quart des grosses et menues dîmes de Charmont à partager avec « MM. du Chapitre de la cathédrale de Châlons, le curé et le prieur « de Charmont. »

L'état des revenus de l'abbaye apprend que la ferme de Charmont rapportait 650 livres par an.

Prieuré de St Nicolas

Nous trouvons encore comme dépendance de Charmont, Le prieuré de St Nicolas de l'ordre des Bénédictins, dépendant de l'abbaye de Huiron; on pense qu'il fut fondé par les Garlande; depuis longtemps il était donné en commande c'est à dire à titre viager, et sans charge d'ames, ni obligation de résider.

En 1140. dit M. E. de Barthelemy, l'Evêque Guy de Châlons donna à l'abbaye de Huiron, l'autel de Charmont cum cellâ, c'est-à-dire avec une chapelle; cette chapelle n'existe plus depuis un temps immémorial; depuis, le prieur était titulaire de l'autel St Nicolas de l'Eglise de Charmont situé au bas côté du nord.

La maison du prieuré joignait le cimetière, elle occupait l'emplacement dont on a agrandi dans ces derniers temps celui-ci la contrée porte encore le nom de Priolée

Les biens de cet établissement religieux ne consistaient plus en 1680, qu'en 18 fauchées de pré en une seul pièce et en quatre arpens de vigne.

Les procès verbaux des visites épiscopales faites en 1727 et en 1748 indiquent un revenu de 800 livres, toutes charges acquittées, ils évaluent à 40 pièces de vin la récolte de la vigne.

Le prieur, en raison de la concession de l'autel St Nicolas de l'Eglise était chargé d'une messe par semaine, qui était acquittée par le curé du lieu.

Le patron était l'abbé de Buiron, en dernier lieu les Evêques de Châlons avaient élevé à ce sujet des prétentions.

Les batiments furent détruits dans le 14e ou 15e siècle et depuis, les titulaires du bénéfice paraissent n'avoir plus résidé.

On cite comme commandataires En 1680 Claude Courtois, prêtre chanoine de l'Eglise collegiale de Notre-Dame en vaux de Châlons.

On trouve son blason dans l'armoirial de Champagne: D'or à l'ours passant de sable.

1727 l'abbé d'Auterive,

1730 Auguste Moreuil, prêtre au diocèse de Rouen.

1748 Lebérat, directeur des religieuses de Roucy,

1785 Jacques Caron de Gueux de Normandie.

A l'époque de la révolution, les biens du prieuré furent vendus comme biens nationaux.

Terre des Bourgeois.

La propriété des Bourgeois, avec la ferme et une élégante maison de maître formée et construite en 1836 paraît n'avoir pas de passé historique.

Cependant nous devons dire qu'elle est le résultat du défrichement de de la forêt connue sous le nom de bois du roi, ainsi appelée parce qu'elle faisait partie de la mairie royale de Charmont dont le duc d'Orléans était engagiste.

La loi du 1er décembre 1789 n'a point permis que les bois fussent vendus parce qu'ils étaient supérieurs à 150 hectares ; et celle du 14 ventôse an 4 laissait pendant 30 ans aux engagistes, la faculté de se rendre aquéreurs des biens par eux détenus en payant le quart de la valeur fixée par expert.

La famille d'Orléans n'ayant point usé de cette faculté pendant ce délai le bois du roi et celui du Bouchot furent vendus par acte administratif à la préfecture de la marne, le 18 novembre 1833, à MM. Bourdon et Couvercheł de Paris, c'est ce dernier qui a fait élever les batiments.

Le nom des Bourgeois donné à cette propriété lui vient d'une contrée voisine portant le nom des Bourgeois, qui appartenait autrefois à la communauté des habitants, ce qui lui fit donner le nom de Bois des Bourgeois, par antithèse avec le bois du roi son voisin.

Ce bois avait été défriché dans le milieu du seizième siècle, et une cense appelée les Bourgeois qui avait été élevée sur ce défrichement fut détruite pendant les guerres du règne de Louis XIV. en même temps que les villages voisins de Mont Bayen, Maison Vigny et les autres fermes, hameaux ou dépendances de Charmont dont nous avons parlé.

Le bois du roi fut défriché comme avait été le premier, de 1834 à à 1840, et les fermes et châteaux prirent le nom qu'avait eu leur voisine.

Fief du chaufour.

Ce fief situé à la limite des bois du roi et Joubel appartenait à la famille François seigneur de Mont Bavier ou Mont Bayen.

Arrière fief de Rimaucourt.

Il se composait de la tuilerie de Charmont et de 89 arpens de bois arables donnés à cens à plusieurs moyennant une redevance de 6 deniers par an pour chaque arpent. En 1662 il appartenait aux seigneurs de Vernancourt.

Arrière fief de Jean Briole

Il se composait du quart des fours de Charmont et Charmontel, et relevait des mêmes seigneurs.

Divers Gagnages

Outre les censes et fermes dont nous venons de parler, il en existait encore plusieurs composées de biens épars sur le territoire dont plusieurs avaient leur maison de Culture dans le village.

Nous trouvons avant la révolution comme propriétaires de Gagnages à Charmont:

Mme Haudos de Possesse qui possédait avec M. Hauparty une assez grande quantité de biens sur le finage;

M. Nicolas Haudos, avocat au parlement, demeurant à Châlons-sur-marne

Claudine Haudos sa sœur, demeurant en la même ville, ces deux derniers possédaient en commun une maison et des biens à Charmont

Jean Chapperon, avocat à Vitry, une maison et un gagnage,
M. et Mlle Dommanget, demeurant à Châlons, des terres au bois le loup.
Mme de Nettancourt, maison et gagnage.

M. Nicolas Lefournier avocat au parlement, demeurant à Vitry le francois un gagnage.

Charles Demoncby, Ecuyer, seigneur de la Neuville au bois, un gagnage à Charmont appelé Genifontaine, et une maison. Blason ; d'azur au lion d'or.

La famille de Maupas seigneurs de Charmontel et M. de Mandat de Nully, seigneur de la Folie, possédaient encore plusieurs biens sur Charmont; On cite encore un grand nombre de noms étrangers au pays comme propriétaires de gagnages insignifians pour leur importance, et dont les noms eux mêmes sont inconnus; c'est pourquoi il devient inutile de s'y arrêter.

Chapitre 12.ème

Droits féodaux civils et ecclésiastiques

Les droits féodaux dont était chargé la communauté de Charmont et Charmontel ont varié suivant les diverses époques nous ne pouvons en citer qu'un petit nombre résultant de l'état de personnes, ou indiqués dans les divers titres et documents que nous avons eu à notre disposition.

Service militaire = Le premier de tous était le service militaire. Les vassaux devaient au roi ; L'ost, et chevauchée, c'est-à-dire qu'ils devaient fournir chaque fois qu'ils en étaient requis un certain nombre d'hommes équipés et armés, dont ils avaient le commandement. Sous les deux premières races de rois, ce service était obligatoire pendant trois mois, puis pendant quarante jours, ensuite pendant soixante, non compris l'aller et le retour. A l'époque des croisades, le temps dut être subordonné aux exigences de la campagne ; encore y en eut-il beaucoup qui désertèrent avec leurs hommes. Les seigneurs levaient souvent leur milice pour tout autre chose que le service du roi.

Louis le Gros institua les milices des communes pour réprimer l'insolence des feudataires ; elles marchaient sous les bannières de leurs paroisses.

Il n'y eut d'armées permantes que sous Charles VII.

La conscription sous diverses formes, était, avec les engagements volontaires, les principaux modes de recrutement.

Servage - La condition de serf avant l'affranchissement obligeait envers le seigneur, à des services et redevances arbitraires et souvent accablants, on ne voit plus de trace de cette condition dans nos contrées depuis la fin du douzième siècle.

Aubaine = L'aubaine était le droit des seigneurs sur la succession des personnes dont les successibles étaient étrangers.

Le voisinage du Barrois et de la Lorraine a souvent donné lieu à l'exercice de ce droit à Charmont

Cens = Le cens était la redevance annuelle que percevait le seigneur, en reconnaissance de la seigneurie sur les biens de son fief.

Lods et ventes = On appelait lods et ventes, le droit perçu par le seigneur, à chaque mutation de la propriété en censive c'est-à-dire sujette au cens.

Dîmes et novales = Les dîmes étaient une portion des fruits de la terre ou du croît des troupeaux que devaient leurs possesseurs soit aux seigneurs soit au clergé; elles se perçevaient même sur l'industrie et le travail

Les novales étaient de nouveaux droits établis sur les terres mises en culture depuis moins de quarante ans.

L'usage des lieux déterminait la quantité de la dîme.

On voit dans des anciennes pièces émanant du greffe de la justice Royale de Charmont au dernier siècle (29 juillet 1748) que le taux en était fixé au treizième, et que les dîmes et novales étaient levées par des piétons presentés par les decimateurs, et autorisés par les juges échevins après serment; ils devaient dîmer à la perche, et commencer par le bout le plus large.

Les decimateurs eux-mêmes n'étaient que les fermiers des titulaires ou les sous-traitans des fermiers.

Droits de justice = Les droits de justice étaient, des services personnels et corvées dûs au seigneur justicier par tous les habitants du ressort, et qui n'avaient rien de commun avec l'amende et les frai[s] de justice résultant des condamnations.

Droits de Banalité = Les droits de Banalité au four, au moulin, au pressoir, était une obligation par les habitants de se servir pour leurs besoins, moyennant salaire, des fours, moulins et pressoirs du seigneur, à l'exclusion de tous autres, ou l'exemption de cette obligation, moyennant une redevance annuelle.

Droits de chasse, de pêche et de colombier = Chacun sait que les seigneurs avaient seuls le droit de chasse et de colombier, quelquefois ils cédaient ce droit de pêche aux communes ou aux particuliers avec ou sans indemnité.

Main morte = Le droit de main morte était payé au seigneur pour des concessions d'héritage, et dans l'origine pour l'affranchissement des serfs. D'après Laurière, l'origine de cette dénomination venait de ce qu'autrefois le seigneur après la mort de son serf prenait le plus beau meuble de l'héritage et s'il n'y en avait point, on lui offrait la main droite du mort en signe qu'il ne le servirait plus.

Corvées = Les corvées étaient un droit de services personnels sur les biens du seigneur, ou sur les chemins vicinaux dont l'entretien était à sa charge.

Tailles et autres impots = Les Tailles, la capitation, la gabelle, le saunage, correspondaient à la contribution mobilière et immobilière, à la cote personnelle, aux contributions indirectes, aux droits sur le sel, le tabac et d'autres denrées monopolisées.

La Taille était autrefois l'impôt personnel qui était dû au seigneur quand il était prisonnier, qu'il faisait son fils aîné chevalier, qu'il mariait sa fille aînée ou qu'il entreprenait un voyage d'outre mer, la Taille était à la fin un impôt royal sur les biens roturiers; on indiquait les paiements partiels de chacun sur une taille de bois. La capitation s'élevait par tête dans les besoins de l'état; bientôt elle devint périodique; supprimée en 1698 elle fut rétablie en 1601.

La gabelle ou saunage était l'impôt du sel; la champagne faisait partie des pays de grande Gabelle et payait le maximum de la taxe qui était en dernier lieu de 62 livres tournois par quintal chaque famille devait en consommer au moins neuf livres par tête.

La contrebande ou faux saunage était puni des galères.

Le nombre et la variété des droits féodaux ne permettent point d'en donner une complète énumération; nous n'expliquons ici que les noms le plus souvent répétés par les habitants de nos campagnes et qui ne représentent pour eux qu'une idée vague du système fiscal qui pesait sur nos ayeux.

Nous avons rencontré en outre quelques droits particuliers établis sur le pays, selon les titres et déclarations que nous avons en entre les mains.

Droit de sire = Le premier et le plus remarquable est celui qui est cité dans la charte d'Anceau de Garlande de 1223, connu sous le nom de Droit de sire:

« Et en outre seront tenus chacun bourgeois d'icelles villes, « de payer un denier tournois le lendemain de Noël par an, à « peine de cinq sous d'amende pour les refusants.

Ce droit est demeuré aux rois de France, malgré l'engagement du domaine; il s'appelait aussi le droit de feu.

Réserve de bois par les donateurs = quant au droit réservé

par les donateurs « de prendre et couper des bois pour ce qu'ils en avaient « besoins pour leurs maisons et châteaux, et aussi pour leurs francs « hommes; » il était concédé ou laissé aux subséquents seigneurs de Renaulmont qui ont abonné cet usage à quatre chênes et un arpent de choix dans chaque coupe annuelle; ils avaient encore un nouvel arpent de choix dans les affouages des communes comme *premier habitant.*

Ce droit a été modifié dans la suite à deux chênes et un demi arpent de choix mais seulement par ce que les coupes faites autrefois à douze ans, ont été portées à vingt cinq ans d'âge et par conséquent en coupes d'à peu près moitié moins importantes par un arrêté du conseil des eaux et forêts du 6 octobre 1733.

Droit de chevaux tirants = Le 23 mai 1680 et le 4 aout suivant, les habitants, par Nicolas Maupas leur syndic, passent déclaration au terrier du domaine du roi, à cause de son château de St Dizier « reconnaissant qu'ils sont redevables au roi par chacun habitant « qui n'est clerc ni noble, par chacun cheval tirant, d'un septier de froment, « et douze deniers au jour de St Denis et ceux qui n'ont chevaux « tirants, une quotité pour leur personne au jour de St Denis le « tout si propre le prement; si non ils sont imposés par les échevins « suivant leurs facultés, laquelle rente s'impose sur les non nobles, « roturiers et forains, suivant le roole qui se délivre au fermier du roi « à Charmont.

Menues dimes = « Plus appartient au roi les menues dîmes de « vin, chanvre, et autres, s'affermant au plus offrant, y compris un droit « de quatre pots de vin (le pot contient deux pintes) sur chaque tonneau « qui se vend en détail à Charmont et Charmontel. »

Droit de corvée. = « Plus un droit de corvée de trois jours pour « chaque cheval où le seigneur voudra les employer; lequel ils n'ont « connaissance avoir été demandé, si non deux corvées de bras. »

Nous mentionnerons qu'en 1788, le role de repartition des corvées Royales était de 850 livres, et la taille de capitation de 3053 livres, La corvée était mise en adjudication, en 1785 le Sr Liénard de de Châlons en était adjudicataire; En 1772 1773, 1776, 1777, 1778 et 1783 la corvée royale et la corvée bourgeoise furent appliquées aux réparations des rues du village, avec des fascines et des perches d'aunel; en 1777 la corvée royale était de 6 jours et la corvée bourgeoise de 4 jours En 1778 les deux corvées réunies furent de 25 jours

Droit de chanage des fossés – Dans les déclarations précitées de 1680 on lit encore:

« Plus au jour de paques un droit dit de chanage des fossés, « deux sols, la veuve un sol, qu'ils n'ont connaissance avoir été payé, « et qu'ils n'ont voulu payer assurant que M. du Cars le leur a « remis, et qu'ils fera savoir au roi s'il lui plait. »

Ce droit avait pour cause l'entretien des fossés qui étaient comme les places, chemins et rues, à la charge du seigneur selon Henrion de Pansey.

Mais le mot chanage ne se trouve sur aucune nomenclature des droits féodaux; il doit être local, et s'il ne derive pas de chaînage ou mesurage, il doit plutôt être appelé charage des fossés, ce mot signifie dans le langage de la contrée: creusage, ou entretien.

On pourrait en retrouver la trace dans cette coutume populaire qui s'est maintenue à Charmont jusqu'à nos jours, de faire, le 4ème lundi de carême une fête ou les libations out la principale part, que l'on appelle encore le chavage des fontaines, c'était sans doute en souvenir de l'abolition du droit ou l'habitude de se réunir ce jour au cabaret, pour le payer.

Droits d'abreuvoir = « Plus un droit de faire boire les bestiau « dans les trois petits abreuvoirs près du Bouchot dits la Carpière « Marmelard et Montjoÿ

Droits de halle = « Plus chaque marchand mercier et « et autres étalant sous la halle à chacune des foires des quatrième « lundi de carême Notre-Dame de septembre et St Nicolas, un sol pour « droit d'aunage.

« Toute personne apportant à vendre à ces foires paiera « quatre deniers

« Chaque personne ayant peson pour peser ses marchandises « un sol pour droit de pesage.

« Et toute personne pendant les foires vendant beurre, fromages « fruits et autres marchandises de pareille nature, paiera au roi entre « les mains de son receveur quatre deniers. Les droits de halle représentent « environ soixante livres par an. »

Droits de Jurée = Pierre Drouot, syndic de la justice dudit lieu déclare en 1681 (20 mai) que chacun des habitants de Charmont et Charmontel doit au roi par an, « le droit Jurée et de Bourgeoisie, « 16 deniers par chaque ménage et 8 deniers par demi-ménage payable « à la St André, à cause de la mairie Royale que le roi possède à « Charmont dépendant de son domaine de Troyes, - qu'ils paient « annuellement au seigneur de Charmont se prétendant engagiste « de la dite mairie royale.

Droits divers. Il existait quelques propriétés tenues à

titre de franc alleu noble ou roturier, qui étaient exemptés de toutes redevances; mais la plupart des héritages détenus par les habitants non nobles ou clercs étaient chargés d'un cens et d'autres redevances au roi ou à son engagiste, aux termes de diverses déclarations faites au terrier du roi.

Nous trouvons entre autres droits:

Celui d'un denier par verge, sur les prés des Broches, de Richaure, de Munaux

Celui de douze sous dix deniers l'arpent comme au Cun à la connaissière.

Celui de trente deniers par arpent comme au Chaufour à la grange au bois;

Celui de quinze deniers par arpent, comme aux Broches, Muneaux Chefchatel;

De six deniers, comme à Queue d'oie, au chemin de St Mard.

Diverses propriétés étaient grevées d'un droit au four, pour exemption de banalité.

Les vignes étaient chargées d'une redevance en nature pour droit de censive, les vignes du chemin de St Mard payaient cinq pintes et chopine de vin par arpent.

Les dîmes de Charmont appartenaient:

Pour un quart au Chapitre de St Etienne de Châlons.

Pour un quart au commandeur de la neuville au Temple.

Pour un quart au Prieur de St Nicolas.

Pour un quart au curé du lieu.

Les novales appartenaient au curé seul. Les derniers droits dont nous venons de parler sont consignés dans des pièces portant les dates de 1561, 1634, 1678, 1727, 1748, qui se trouvent aux archives départementales.

Nous avons, d'après un acte du Greffe indiqué le mode de procéder pour les dîmes, nous croyons qu'il n'est pas hors de propos de citer ici un procès verbal de la même justice, faisant connaître que les gardes messeliers se nommaient par adjudication et au rabais

En 1748, la soumission agréée pour le salaire était d'un picotin racle de blé ou de marsage par chaque arpent d'emponilles de pareille nature, pour les prés cinq sols par chaque fauchée possedée par les forains, et gratis pour les propriétaires du lieu. Chaque procès verbal de contravention rapportait au messelier cinq sols dont le propriétaire faisait l'avance.

Suivant une note à nous communiquée par M. Nicolas Piat, qui a exercé les fonctions de garde champêtre à Charmont pendant 36 ans, ce qui lui a valu du comice central de la marne une médaille d'argent, à partir de 1792, la garde des propriétés était confiée aux quatre plus jeunes mariés de chaque année, depuis 1800 jusqu'en 1822 le budget portait 400 francs pour le traitement de quatre gardes choisis par le conseil municipal ; à partir de 1822 jusqu'en 1838 il n'y eut plus que deux gardes champêtres, à compter de cette époque il n'y en a plus qu'un dont le traitement est actuellement de 450 fr.

Chapitre 13e

Précis historique jusqu'à la révolution.

Nous allons parcourir, l'histoire en main, en nous aidant de quelques données que nous avons recueillies, les temps qui se sont écoulés depuis l'établissement des francs dans la Gaule, et nous jugerons, par cet apperçu rapide, de ce qui a dû se passer à Charmont, et dans les environs.

La religion chrétienne a été apportée dans nos contrées par St Memmie et ses compagnons; nous n'entamerons point la discussion pour savoir si ce fut suivant les uns au premier siècle ou suivant les autres au troisième.

Saint Léger (Léodgarius) parti du collège des clercs que St Memmie avait fondé à Châlons, s'est rendu en évangélisant sur sa route jusqu'à Perthes, alors capitale du Perthois; Charmont était sur son passage.

Après l'invasion des Huns, Ste Ménéhould et ses sœurs filles de Sigmar, comte du Perthois sortirent de Perthes pour venir à Asthenay, aujourd'hui Ste Ménéhould du nom de sa patronne, ravivant sur leur parcours les étincelles de la foi qui s'éteignaient, elles durent aussi passer à Charmont

451 Nous avons déja parlé, du passage des Huns sur la huitième voie romaine; cette voie était sillonnée d'embranchements, et d'après l'ouvrage de M. Savy, il en existait un prenant à la Barraque des Gardes, et traversant Charmont pour retourner à Châlons aller sur Vitry et St Dizier

On dit que le soir de cette fameuse bataille des plaines de Châlons des bandes séparées ont pris cette direction pour fuire sur beiltz le maurupt où il y eut des combats partiels que plusieurs écrivain entr'autres Dom Bouquet confondent avec la grande bataille des champs Cathalauniques ou mauriciens.

Tetricus préfet des Gaules qui s'était fait proclamer empereur avait parcouru ces contrées (327) avant d'avoir été vaincu par Aurelie près de Châlons. Nous avons dit qu'il existait alors dans le voisinage de Charmont un établissement militaire Romain, et que les diverses invasions barbares pendant la domination romaine suivirent la voie qui va de Reims à Bar.

481–1123. Clovis dans sa campagne contre Syagrius, ses fils et leurs successeurs dans leurs nombreuses guerres avec l'Austrasie ou les comtes de Champagne visitèrent ce pays à main armée et Charmon placé au point central entre Châlons, Ste Ménehould, Bar le duc, St Dizier, Perthes et Vitry le François, fut très souvent ravagé jusqu'à l'époque du règne de Louis le Gros.

A partir de 1123, les noms de Charmont et Charmontel sont très fréquemment répétés dans les Chartes des Seigneurs et des abbayes (*Calvus mons et Calmontellus*)

Le village avait beaucoup souffert de ces bandes d'hommes « appelés routiers, armés pour le pillage tant pour leur propre compte « qu'à la solde de l'Angleterre ».

C'étaient selon Mezeray des ramas de brigands sous la conduite de seigneurs félons qui rompaient et brisaient, on les appelait aussi Cottereaux, à cause des grands couteaux dont ils étaient armés ; ils rançonnaient les villes, et surtout les villages et les chateaux.

Le village fut relevé de ses ruines et se concentra autant que possible autour de sa nouvelle église et de son château, dont la première fut construite et le second rétabli à peu près à cette époque par les soins des seigneurs de Garlande.

Ces puissants seigneurs aumonent les couvents construisent des églises et des abbayes, et commencent l'affranchissement des communes.

1223 – L'un d'eux Anceau III de Garlande et Alix sa femme donnent à Charmont Possesse, et Bussy le repos, par la Charte que nous avons rapportée, des biens considérables dont Charmont seul à la moitié.

Plusieurs de ces seigneurs prirent part aux differentes croisades, et nous avons vu que Gilbert Paganus de Garlande fut un des trente cinq chevaliers qui périrent autour de St. Louis.

En 1277 Godebert de Garlande règle par une charte que nous n'avons point entre les mains mais qui est souvent citée dans les nombreux jugements, arrêts, sentences et mémoires relatifs aux biens communaux, les droits des communes entr'elles aux bois donnés par son père ou son ayeul, et les droits des donateurs pour la réserve et le cens mentionnés en la donation.

Par une autre charte de la même date, que nous avons aussi rapportée en entier au chapitre 8e il fait l'abornement du territoire de Charmont, et indique les droits de la justice de ce lieu, sur les bois des seigneurs.

Après les croisades, on voit la famille de Garlande s'éteindre puis s'éclipser entièrement

Leurs biens passèrent au pouvoir royal vers 1325, environ 40 ans après la réunion de la Champagne à la France.

Pendant le temps qui s'écoule depuis cette époque, jusqu'au milieu du seizième siècle, nous ne pouvons indiquer les noms des seigneurs possesseurs de fiefs à Charmont, ni le mode et l'époque de transmission à la famille d'Apremont, d'où elle vint aux Rampon par échange, puis aux d'Ambly par succession des Rampon ainsi que nous l'avons dit à propos du fief de Renaulmont

Les évènements n'ont pas manqué pendant ce temps.

Le pays s'était ressentit gravement des discussions qu'avaient eu les ducs de Bar avec les derniers comtes, et ensuite avec Philippe le Bel qui avait hérité cette province en 1284.

Ce fut Gaucher de Chatillon qui y mit fin en 1301 en faisant prisonnier le duc Bar, dans un combat livré dans les environs de Ste Ménéhould, et en lui imposant l'hommage lige envers le roi de France pour la rive gauche de la Meuse qui fut appelé dès lors le le Barrois mouvant.

En 1315 le pays fut envahi par la peste et la famine qui se renouvelèrent en 1344.

1328 à 1453 - Nous trouvons bientot la champagne, et notamment le Perthois et l'Argonne envahis depuis Philippe 6, jusqu'à Charles 7, par les Anglais qui réclamaient la couronne de France pour leurs souverains du chef d'Isabelle fille de Philippe le bel mère d'Edouard III Roi d'Angleterre, par les Bourguignons leurs alliés par les Armagnacs ennemis des Bourguignons et par de nouvelles bandes de routiers.

Les Anglais ne quittèrent définitivement la France qu'en 1453, et pendant plus d'un siècle ce ne fut dans le cercle dont Châlons, Vitry, St Dizier, Bar le duc et Ste Ménéhould forment les rayons, et dont Charmont est le centre, que pillage et destruction. Le fort de la Motte Hériton qui fut pris en 1423 par les Anglais sur les troupes de Charles VII est situé à dix Kilomètres seulement.

Pendant qu'on était occupé à relever toutes ces ruines, la peste vint remplacer la guerre et exerça huit fois ses ravages sur la champagne de 1451 à 1521.

Après quelques années de tranquillité survint Charles Quint qui descendit du Luxembourg dans l'Argonne, s'approcha de Ste Ménéhould qu'il quitta pour aller assiéger St Dizier, détruisit Vitry en Perthois.

Outre l'impossibilité d'aller d'une ville à l'autre sans traverser Charmont ou les environs, des traces du passage des troupes espagnoles ont été retrouvées en 1829 non loin des bois et de l'embranchement de la route Romaine.

Le village fut, dit on, brûlé dans ce siecle ou dans le commencement du suivant; des pièces de monnaie de Charles Quint et de Philippe II son successeur ont été retrouvées dans les fouilles, à divers endroits, mêlés à des débris d'incendie et à divers ustensiles de ménage dont la forme plus grossière se rapprochait des modèles usités de nos jours; des squelettes enterrés de profondeur avec armes et bagages dans les graviers, ont été reconnus pour des Espagnols, aux débris qui les accompagnaient, ce qui fait supposer un passage de troupes de cette nation sous Philippe et ses successeurs.

1546 — Vers cette époque François 1er rebâtit Vitry-le-François.

On trouve des états de Charois, de requisitions et de voyages faisant connaître que les bois communaux et particuliers et même les habitants de Charmont ont contribué pour leur part à la construction de cette ville. Les bois de Bettancourt cités dans les lettres patentes de François 1er et de Henry II en 1545 et 1548 qui permirent de couper

186 arpens, n'étaient autres que les bois de Soubel dont nous avons parlé, engagés aux seigneurs de Bettancourt, c'était à l'effet de bâtir les prisons, l'auditoire et le pilori de Vitry ainsi que les ponts de la Marne et de la Saulx; En 1582 un ordre royal astreignit les habitants des villages dans un assez grand rayon, et entr'autres Charmont à faire deux voyages pour le transport du château de Vitry en Perthois; les corvées ont donc été nombreuses et de longue durée pour la reconstruction de Vitry qui ne fut terminée qu'en 1623.

Le massacre de Vassy eut peut être son retentissement dans nos contrées qui n'en sont éloignées que de dix lieues; nous ne connaissons rien de cette époque, si non qu'une bonne fraction de la population avait embrassée la réforme; et des papiers de famille désignent un sieur Poncette comme officier de la maison de l'Amiral de Colligny, au moment de la St Barthelemy.

La ligue eut aussi ses partisans en Champagne, mais à l'exemple des villes voisines, les campagnes se soumirent de bon cœur à Henry IV.

De 1614 à 1620 nous nous trouvons encore sur le passage du Prince de Condé révolté dont les troupes fesaient des marches continuelles d'une ville à l'autre dans ce rayon.

De 1630 à 1637 eurent lieu de nombreuses excursions des Lorrains sous le règne de leur malheureux Duc Charles IV.

La tradition parle du passage de Louis XIII à Charmont; ce fut sans doute au mois d'Aout 1633, quand accompagné de la Reine et du Cardinal de Richelieu, il alla installer un gouverneur à Bar-le-duc, après la saisie de ce duché. La situation de ce village sur le chemin de Châlons à Bar-le-duc donne de la vraisemblance à ce fait resté dans les souvenirs des habitants.

En 1645 une nouvelle invasion de Lorrains et de partisans est signalée dans une lettre dont la copie sans adresse ni signature se trouve sur les registres de l'état civil de Vernancourt en cette année, c'était après le second siège de la Motte en Bassigny.

Après tous ces événements pendant lesquels Turenne fidèle au Roi et Condé révolté avec les impériaux ont mêlé leurs traces dans nos contrées il n'est point étonnant que Charmont ait changé de position et de forme, et que l'on signale des ruines nombreuses.

Son château fort de Renaulmont renversé en grande partie comme celui de Marginville, les tuileries du Bouchot détruites pendant qu'elles étaient en pleine activité, les forts de Chef-Chatel, et du Curniquin le hameau de Charmontel, les censes des Bourgeois, de Margusson ruinés, les noms de Bombarde, de siège, sont en l'absence même de tous autres documens historiques, un triste témoignage des malheurs des temps.

« En 1685, dit M. Amédée Aufauvre, dans son histoire de « Troyes, après la révocation de l'édit de Nantes, M. de Miromesnil « gouverneur de la Champagne chargea dans chaque élection un de ses « subordonnés de parcourir les communes où il y avait des réformés pour « leur donner avis de la suppression de l'exercice de toute autre religion, « que la religion catholique, apostolique et Romaine, et leur faire « abjurer leur croyance.

« Jean Campurot, pour l'élection de Troyes assisté du « lieutenant criminel du grand prévôt de Champagne, d'un exempt « de la campagnie de robe courte, d'un Greffier de dix sept archers « de la maréchaussée et de deux archers de robe courte commença

« son expédition et parcourut les localités où il y avait des réformés.

« Il avait été précédé de missionnaires pour préparer les « conversions; chez ceux qui refusèrent de se soumettre à l'édit il fit « des persécutions, brula les livres calvinistes, et leur imposa des archers « comme garnisaires; quand à ceux qui se soumirent, ils allèrent faire « abjuration publique à l'Eglise.

« Il est nécessaire d'ajouter quà cette époque le nombre des « Calvinistes avait beaucoup diminué et qu'il n'y a pas eu en « Champagne, d'équivalent aux trop fameuses Dragonades des Cévennes »

Il en était de même dans toutes les élections; c'était ce que l'on appelait, les *missions bottées*.

A cette époque Charmont comptait environ 200 réformés dont la plupart firent leur soumission.

Une seule famille du nom de Gillot émigra à Worms d'où elle revient après trois ans de misère et de privations, imiter les autres, en abjurant le calvinisme.

On appelle encore cimetière des huguenots, un terrain situé hors du village, traversé par la route N° 18 et occupé actuellement par l'abreuvoir du Cun.

Il y avait un prêche établi à St Mard sur le mont, un autre à heiltz le Maurupt, un troisième à Epense écartés de Charmont de deux à trois lieues.

Pour se faire une idée de la misère des temps, il faut lire les plaintes adressées par les habitants sous forme de supplique, à ce même M. de Miromesnil, sur la dureté des charges publiques, et les historiens sont d'accord pour dire que sous Louis XIV surnommé le Grand Roi, les impots étaient vexatoires et les finances dans le plus mauvais état.

Une de ces pièces qui est entre nos mains, constate qu'un S.r Madroux avait été fait prisonnier par des coureurs de la garnison de Luxembourg où il était resté deux mois, les deux cavales qu'il possédait avaient été prises, et à son retour il était poursuivi pour le paiement des tailles par les contrôleurs, et pour le paiement de ses deux chevaux par les vendeurs; il demandait qu'on ne pût ni le contraindre ni le poursuivre pendant trois années.

A cela vinrent se joindre les disettes de 1694, 1698, et 1709. Le septier de froment avarié se vendait jusqu'à soixante livres et la pièce de vin 90 fr. ce qui était alors un prix fabuleux; il faut encore y ajouter les différentes apparitions de la peste qui forment toujours la suite des grandes privations.

« Les Français vainqueurs de tous cotés, dit Voltaire dans son « siècle de Louis XIV, en parlant de la famine de 1694, périssaient au « bruit des Te Deum et des réjouissances publiques à l'occasion de nos « victoires », en parlant de 1709, il dit que plusieurs familles à Versailles même se nourrirent de pain d'avoine, et que M.me de Maintenon en donna l'exemple.

La guerre de succession d'Espagne qui ne fut terminée qu'en 1659 nous envoya à diverses reprises des corps d'armée et de partisans, la présence des soldats Espagnols est constatée par de nombreuses pièces de monnaie de Philippe IV trouvées dans les fouilles.

Nous arrivons aux dernières années du règne de Louis XIV, et nous ne respirons pas encore.

Un nom qui, de nos jours, inspire une terreur instinctive aux habitants de Charmont, de Possesse et des environs, est celui de Grossveinstein (ils prononcent Gros Vestin), c'était un major Hollandais venu en 1712 de l'armée du Prince Eugène dans nos contrées avec quelques troupes, dévastant tout ce qui était sur son passage.

Il y a plus de cent cinquante ans que cet homme est passé, et les anciens du peuple ont perpétué son odieuse mémoire en racontant à leurs enfants, les horreurs du pillage de l'incendie et du viol dont ses soldats se sont rendus coupables.

Enfin nous arrivons au paisible règne de Louis XV, et notre imagination se repose pendant trois quarts de siècle, dans ses souvenirs moins lugubres.

Nous citerons cependant encore, d'après un manuscrit du temps, les années de disette de 1739 à 1740, où les denrées étaient d'un prix exorbitant; les récoltes ne purent s'effectuer en cette dernière année à cause des mauvais temps, et les vignes ne produisirent qu'un verjus que l'on ne put fouler.

On cite dans ces années des ouragans dont l'effet fut terrible et effrayant.

Le six Août 1720, le feu du ciel était tombé sur la grange de Jean Hayard; la flamme était toute bleue, et pendant plus de vingt jours le brasier ne fut point éteint

En 1753 nouvelle disette de denrées et de fourrages; au témoignage du même manuscrit, on fut obligé, pour attendre la moisson de ramasser les feuilles des forêts et d'arracher le lierre des chênes, pour empêcher le bétail de mourir de faim.

Pour suivre l'ordre chronologique, on pourrait citer quelques faits, quelques événements locaux, quelques travaux exécutés et la suite de nombreuses contestations avec les seigneurs au sujet des bois communaux; ces citations auront leur place dans la suite de cet ouvrage.

Nous avons suffisamment parlé, en leur lieu de la mairie Royale des familles seigneuriales et duc d'Orléans, des fiefs et des domaines engagés.

Passons à la période révolutionnaire.

Chapitre 14ème

Première période républicaine et impériale.

En 1789, les gentils hommes du baillage de Vitry s'étant réunis en cette ville, pour l'élection des Etats Généraux, Charmont était représenté par :

Messire Louis Guérin de La Marche seigneur de Renaulmont

Et Messire Louis Stanislas Xavier de Girardin, Vicomte d'Emenonville chevalier, capitaine au régiment de Chartres Dragons mandataire de Mgr le duc d'Orléans, en sa qualité de propriétaire et d'engagiste du domaine.

L'assemblée dans sa délibération du 20 mars, refuse au mandataire, le droit de prendre part à la rédation des cahiers, ne lui donnant que celui de voter pour la nomination des députés.

Malgré la difficulté de communiquer avec Paris, les campagnes elles mêmes commençaient à s'agiter et la disette avait encore accru les murmures, cette exaltation qui dura si longtemps, donna lieu comme ailleurs à des scènes plus ou moins bruyantes et regrettables, à des imitations plus ou moins grotesques de celles de la capitale prises sur les pâles copies données par les villes voisines.

Il n'est pas possible de donner un corps aux notes sans suite que nous avons trouvées aux archives communales et ailleurs, le seul ordre à établir est celui des dates que nous nous proposons de suivre dans l'énonciation des faits.

Nous avons vu que, lors de la nouvelle organisation départementale, Charmont fut choisi pour chef lieu de l'un des cantons du district de Vitry, qui fut supprimé en l'an VIII.

Le 25 Janvier 1791, le sieur Lescuyer, juge de paix fait

constater, pour la nouvelle assiette de l'impot foncier, que le territoire était divisé en plus de 20,000 parcelles, dont 6000 au dessous d'un sixième d'arpent.

Je veux isoler de ce qui va suivre, un acte bien louable ; c'est la concession à Marguerite Varin, ancienne institutrice à Charmont, par délibération du 30 mai 1791 d'une pension viagère de 50 livres payable par trimestre.

Elle habitait une maison construite sur le cimetière, et ses fonctions et sa science se résumait à apprendre aux jeunes filles à connaître leurs lettres, à épeler et à peine à lire.

En 1792, des réquisitions furent faites aux cultivateurs de fournir des denrées et de faire des charrois pour le camp de la Lune, et quoi qu'il y eût, des craintes sérieuses de disette, il fallut obéir ; il fut fait un état des grains, des denrées et des chevaux existant dans le village, et les cultivateurs convinrent entre eux, que ceux qui resteraient laboureraient les terres des autres.

On vit alors quelques bandes de Prussiens s'écartant pour piller les villages.

On trouve aux archives de la mairie une lettre du commandant de la place de Ste Ménéhould, en date du 19 septembre 1791 veille de la bataille de Valmy, à la municipalité de Charmont, pour lui faire connaître que douze grenadiers volontaires armés et équipés aux frais de la commune, s'étaient à la vérité rendus à l'armée de Kellermann, où ils avaient été incorporés dans le bataillon de la Charente inférieure, mais qu'ils avaient déserté avant le combat.

Bientôt les écoles des filles et des garçons furent supprimées.

Le culte catholique allait être bientôt aboli par loi, il l'était déja de fait.

Le confessional fut retiré de l'Eglise en mai 1792; les statues, et les images des saints disparurent après avoir été profanées; la plupart furent détruites ou mutilées; on voit au portail des traces de ces mutilations; on vendit publiquement des fers provenant de la de la démolition des parties intérieures de l'Eglise, moyennant 92 francs à 5 sols la livre.

Une fabrique de salpêtre fut établie dans l'Eglise pour le compte de la république, et il fut avancé par le district de Vitry aux salpêtriers, sur leurs fournitures, deux mille livres en assignats.

Bientôt vint la Déesse Raison avec ses décades, ses fêtes Burlesques, et ses arbres de liberté.

L'église servait aussi aux réunions de la municipalité, des des clubs et de la société populaire, installée le 19 ventose an 2 aux cris de vive *la République, Liberté, Egalité Fraternité, ou la Mort.*

L'administration prenait alors le nom de conseil Général, elle était composée d'un maire qui avait le titre d'agent national, d'un procureur syndic, et d'agents municipaux qui se renouvelaient tous les six mois.

A coté de lui, et comme contrôle siégaient le comité de salut public et le comité de surveillance.

En 1793, le département ayant voté la construction d'un vaisseau pour la république, le conseil général de Charmont fournit une somme de 165 livres 5 sols.

Le vaste système de confiscation qui mit aux mains de la nation des biens connus sous le nom de *Biens nationaux* eut pour premier acte, le decret du 24 novembre 1789 suivi de 2 autres des 9 février 1792 et

28 mars 1793, ils concernaient notamment les biens du clergé et des émigrés

En conséquence, les biens situés à Charmont qui furent vendus à ce titre étaient :

Les Biens du prieuré de St Nicolas, la cure et une ferme appartenant à la fabrique de l'Eglise, située à Saint Jean devant Possesse, que la municipalité voulait conserver ;

La ferme de Maugarny, avec les autres biens qu' avaient possedés les seigneurs de Nettancourt sur le territoire ;

La ferme de la folie,

14 journels d'étang à la cuverte,

15 journels d'étang à l'étang neuf,

24 journels à l'étang la dame,

13 journels à l'étang du crible,

7 journels au petit mancussin,

24 arpens de bois au bois le loup,

Provenant de M. de Mandat de Nully, seigneur de Vernancourt ;

Les Garennes de Cenières provenant du sieur Buret ci-devant curé de Possesse.

Nous avons dit pourquoi les Bois du Roi et du Bouchot n'avaient été vendus qu'en 1833.

On trouve à la mairie, un procés verbal d'arrestation du Sr Jampierre fermier de M. Joseph de Nettancourt seigneurs de Fains, abbé de saint Pierre.

Ce fermier conduisait à l'abbé, des fermages en nature ; les grains ont été versés dans les magasins militaires ; les chevaux et la voiture saisis, sur le motif que le Sr de Mettancourt était inscrit sur la liste des émigrés, et que s'il habitait encore à Fains, sans avoir de certificat de résidence, il était considéré comme étranger séjournant en France.

La commune possédait des terres vaines et vagues, savoir

Les grandes Bayottes contenant 1254 verges.

Les petites Bayottes contenant 193 verges,

Et la versaine Claude Gillot contenant 58 verges, cent verges forment 43 ares 78 centiares.

Les habitants usant de la faculté que leur donnait un décret de l'assemblée nationale du 10 juin 1793, en firent le partage entre les habitants au nombre de 1058 sur la division qui en fut faite par le citoyen Brémont arpenteur à Dommartin sur Yèvre, le 27 ventôse an 3, approuvée par la municipalité le premier Germinal suivant.

Les commissaires étaient Jean Gruaux, Jean Baptiste Coutlenet, et Siméon Delassue.

Depuis ces biens avaient été remis en pâture mais ils furent restitués aux co-partageurs en octobre 1814.

On citait encore comme appartenant à la commune,

9 ou 10 arpens de paquis à Rimaucourt,

6 denrées de paquis au saule Gruaux,

Au moment du partage, la communauté était en instance avec les aboutissants qui y prétendaient des droits, et un Sr Jacquelot dit cuirassier, qui avait coupé un gros poirier sur le second paquis.

Ces biens n'ont point été compris dans le partage, de même qu'un autre paquis le long du grand chemin, à cause d'une instance contre les boutons, pour cause d'anticipation.

Nous ignorons ce qu'il est résulté de ces instances.

On ne trouve pendant quelque temps aucun évènement important, c'étaient des requisitions continuelles de chevaux de voitures de vivres, de fourrages, de linges, de matelas, qu'il fallait ensuite conduire à Vitry, à Châlons, à Nancy, à Metz.

C'étaient des recensements journaliers des denrées qui se trouvaient chez les habitants, de sorte que, sous prétexte du salut de la république, c'était un continuel espionage, où la basse jalousie et la haine jouaient un grand rôle.

Ces requisitions et de ces visites domiciliaires, était un sujet de discorde entre les habitants, une cause de lutte, de rixe de dénonciation sans fin; et au bout du compte, une impossibilité complète par l'autorité de faire exécuter les ordres du district, il fallait que celui-ci fit des injonctions menaçantes.

La convention avait délegué à Charmont Louis Leclerc, et jean Louis Nouvelle, arquebusiers pour faire débiter les bois pour 50,000 fusils et autant de pistolets.

Le 6 fructidor, les sieurs delong refusent d'obeir à la requisition qui leur est faite par ces délegués, il fallut que la gendarmerie de Possesse vint prêter main forte à l'autorité encore la requisition ne fut elle fournie qu'en faible partie.

D'un autre coté, c'étaient des demandes de secours par les pères et mères des défenseurs de la patrie appuyées par le conseil général, le comité de salut public et le comité de surveillance, bien entendu que ces demandes comme celles d'exemptions de requisitions demeuraient sans réponse.

On jouait aussi aux arrestations arbitraires.

Le 26 mai 1793 les citoyens François Lefevre et Jean Baptiste Couttenet anciens brigadiers des fermes du Roi assesseurs du juge de paix furent désarmés par la municipalité pour le seul motif qu'ils avaient été employés du Roi, le district de Vitry eut le bon esprit de leur faire rendre leurs armes à cause de la futilité du motif.

Le citoyen Rollet commandant de la garde nationale reçoit l'ordre sous peine d'être personnellement responsable, de faire rendre à la maison d'arrêt de la commune, plusieurs femmes condamnées à trois jours de prison, pour contravention à la loi du 21 septembre 1793 obligeant les citoyennes à porter la cocarde tricolore.

Le comité de surveillance dénonce plusieurs hommes pour s'être endimanchés le ci-devant dimanche.

D'autres sont accusés d'être restés dans leur costume de travail le jour Décadi. Dans le premier cas il y eut réprimande grave, dans le second, condamnation à vingt sols d'amende.

Mais une reponse qui mérite d'être citée, c'est celle que firent le 11 messidor an 2, plusieurs femmes au comité de surveillance qui les accusait d'avoir été trouvées en toilette un jour de dimanche vieux style.

Elles repondirent qu'elles n'avaient pas d'habits de rechange, parcequ'elles avait fait la lessive, la raison fut trouvée bonne; O sexe enchanteur!

D'autres etaient proclamés avoir bien mérité de la patrie, et pour qu'elle cause?

J'ai trouvé en parcourant les dossiers du temps une infinité de pareilles choses et d'autres plus pitoyables encore, qu'il ne convient point de transcrire ici, même en taisant les noms qui y sont mêlés.

Mais je ne puis passer sous silence les paroles d'un vieillard qui lui même ne fut point exempt, à son propre aveu, d'un certain enthousiasme pour les idées nouvelles.

« On se mariait, disait-il, et la gaité qui vous entourait, « avait bientot fait oublier l'absence de la religion dans cette cérémonie; « mais ne pouvoir accompagner le cercueil d'un ami, être forcé par « la loi, de refouler ses larmes sur la fosse de son père, c'était un « contre sens de la nature qui reprenait ses droits, sauf à paraître « suspect. »

Tout ce qui est violent, n'est pas durable, les idées changèrent en peu de temps; la misère publique se fit bientôt sentir, les assignats perdirent rapidement faveur, tombèrent jusqu'au centième de leur valeur nominale, et furent cause de la ruine subite d'un grand nombre comme ils en avaient enrichi quelques-uns.

Les exploits de nos armées firent prendre les maux en patience

Enfin les églises sont rendues au culte et l'on entend résonner au milieu d'un grand nombre de noms déja fameux un nom qui les domine tous par son retentissement, celui de Bonaparte, qui devint Napoléon.

Alors tous les maux sont oubliés, chaque pays s'honore de quelqu'illustration militaire, chaque famille a fourni des soldats dans l'armée, et les fumées de la gloire avec l'espérance de voir revenir son fils officier, colonel, général, font oublier à la mère les dangers qu'il court en combattant.

Il ne s'est passé rien de bien saillant jusqu'en 1814.

Depuis 1791 Charmont avait eu pour maires ou agents municipaux:

Claude Jacquelot,

Nicolas Riché,

Pierre Laurent,

Jean Charles Prot,

Claude Charles Dommanget.

Pierre Laurent avait porté le titre d'agent national.

Nous arrivons à l'époque de l'invasion de 1814; les passages de troupes sont fréquents, les réquisitions deviennent nombreuses et vexatoires; les habitants abandonnent leurs maisons pour se retirer dans les bois avec leur bétail, et ce qu'ils ont de plus précieux; on compte 35 chevaux perdus dans la même journée.

La charge de maire n'était point alors digne d'envie. M. Claude Charles Dommanget qui exerçait ces fonctions eut besoin de tout son dévouement pour faire face aux nécessités présentes il fut arrêté et pris comme otage parce qu'il ne pouvait fournir sur le champ à un corps d'alliés les provisions qui lui étaient réclamées, une autre fois, il fut mis en joue par les soldats.

A la fin de Janvier 1814, après la bataille de St Dizier un corps considérable de troupes alliées traversa le village; M. Normand, dans sa notice sur le canton d'Heiltz le Maurupt (Loco: Possesse) évalue, sur des renseignements que j'ai lieu de croire exagérés quoi qu'il en cite la source d'après les généraux eux-mêmes, a 200,040 hommes, ce qu'il y a de certain, c'est que chacun se souvient encore que le défilé dura à Charmont pendant une journée entière sans interruption.

Pendant le passage de ces troupes allant sur Possesse, un coup de fusil parti des bois du roi, fut tiré sur des soldats qui rôdaient de ce coté; les chefs menacèrent alors de détruire Charmont; des pièces de canon furent postées sur la côte au Sureau, pour tirer sur le village; il fallut que le maire et les principaux habitants allassent faire leur soumission. Ils en furent quitte pour un assez fort tribut de bétail et denrées, et les troupes continuèrent leur route.

On reconnut depuis que le coup de fusil avait été tiré par un garde-forestier de Vernancourt, ancien militaire, nommé Sery.

A différentes reprises, des détachements séjournèrent à Charmont, et dans les villages voisins.

« Possesse, dit M. Normand, était un point de ralliement « et d'appui entre le Rhin et la capitale. »

En 1815, après la bataille de Waterloo, les Russes et les Bavarois envahirent la Champagne, et mirent le comble à la misère de cette contrée depuis le 20 juillet, époque où Vitry ouvrit ses portes aux alliés jusqu'à la fin de l'année, par des passages continuels, et des séjours fréquents.

On peut juger de l'Etat où ils laissèrent le pays, et de ce qu'il dût souffrir encore en 1816 et 1817, à cause de la disette survenue par suite de l'impossibilité de cultiver convenablement les terres, et encore par le concours de l'intempérie des saisons.

Enfin nous arrivons à une époque de tranquillité, dont

le pays n'a presque jamais eu d'exemple depuis les temps les pl
reculés

L'histoire de Charmont jusqu'à nos jours, n'est plus que l'histoire administrative, et celle des travaux réparateurs e d'amélioration tant physique que morale que l'on peut constat en se reportant sur le passé.

Nous allons donc parler de notre époque, sous un poin de vue nouveau, dont l'administration municipale nous fournir les éléments.

Chapitre 15.e

Administration municipale travaux d'édilité.

En 1789 la circonscription territoriale ne fut point changée, la paroisse de Monthiers qui ne s'était formée que par des empiétements sur les finages voisins, et notamment sur Charmont à cause de ses bois, fut attribuée en entier à Possesse.

Nous avons dit que Charmont était chef lieu de canton depuis la période de 1789 à 1800.

La municipalité se composait d'un maire, d'un adjoint et de quatre membres. Tous les six étaient élus par les habitants.

Les deux premiers maires furent Claude Jacquelot et Nicolas Riché.

En vertu de la constitution de l'an III, Pierre Laurent fut élu agent national.

C'est pendant son administration que s'écoula le temps le plus orageux de la révolution, il fut assez ferme pour réprimer, autant que possible, les passions trop violentes, il présida au partage des Hayottes, et c'est lui qui certifia sur les registres publics les deux chartes dont nous avons donné le texte.

La loi du 28 Pluviose an 8 ramena les maires, adjoints, et conseillers municipaux.

M. Claude Charles Dommanget fut nommé maire et conserva cette charge jusqu'après 1816.

Il eut à rétablir ce que les temps malheureux avaient désorganisé, il traversa aussi cette période de dangers connue sous le nom d'invasion, pendant laquelle nous avons vu que sa sécurité et sa vie avaient été plus d'une fois en danger.

Il eut pour adjoints successivement Claude Bourcillier Charles Bourcillier et Pierre Jampierre.

A sa mort, M. Claude Billieux St Germain lui succéd et fut maire jusqu'en 1826

La commune fit alors l'acquisition et l'aménagement de l'école des garçons, trois rues secondaires furent ouvertes dans le village; celles des Poules, de la Frise et de la Côte.

M. le capitaine Turpin, chevalier de la légion d'honneur lui succéda et mourut trois mois après.

M. Jean Baptiste Billieux St Germain vint après lui et fut maire de 1826 en novembre 1831; il eut pour adjoint M. Pierre Charles Dommanget.

Pendant ce laps de temps, la vicinalité prit un essort jusque là inconnu.

En 1826 furent construits au centre du village, le pont du Gué le Rouge sur la place de ce nom, et à l'extrémité de la rue Basse, celui de Vambel. Le chemin d'intérêt colletif N°1 de Charmont à Heiltz le Maurupt par Villers le sec fut achevé sur le territoire de Charmont, de 1827 à 1829.

En cette année, fut passée l'adjudication de la maison commune qui fut batie l'année suivante, par Mrs Lebleu et Montigueul, entrepreneurs à Sermaize.

Le plan eut pu être mieux conçu et mieux éxécuté.

L'horloge qui est placée dans les combles, et dont le cadran occupe le fronton, fut faite à l'école des arts et métiers de Châlons-sur-marne, et commença à fonctionner le 10 mars 1831.

la cloche qui sert de timbre à cette horloge et en même temps d'appel pour les besoins de la municipalité, fut fondue en 1829 par les frères Paintendre de Vitry le françois; elle pèse environ 250 Kilogrammes.

En 1828 fut construite l'école des filles.

La même année, ont vit construire sept ponts en pierre, sur le territoire; le chemin de Montbiers fut mis en état jusqu'aux hautes tailles; il fut continué en 1830.

Le chemin de la Siège allant à Possesse fut rendu viable en 1831.

En 1826, la commune possédait une pompe à incendie; elle en eut bientôt une seconde.

Un arrêté préfectoral rendu en avril 1829 autorisa la compagnie de Pompiers à se constituer, et ses membres signèrent leur engagement le 7 novembre 1829.

Ce fut une cérémonie pour le pays: on célébra ce jour-là la Saint Charles, fête du Roi; j'étais alors enfant, et je me rappelle encore mon étonnement mêlé d'admiration en voyant cette compagnie assister à la messe, le casque en tête, armée de fusils de chasse, et une partie habillée militairement.

Mais 1830 vint bientôt effacer ces souvenirs, avec ses officiers et gardes nationaux qui ne quittaient plus leurs brillants uniformes.

La révolution de juillet était arrivée, les ambitions lèvent la tête; chacun veut être quelque chose, au moins caporal, ou intrigue; et l'on pourrait constater des divisions et des haines subsistant encore et qui n'avaient pas d'autre cause, mais quittons ce souci; ce fut à Charmont comme ailleurs.

La loi du 21 mai 1831 vint remplacer la constitution de l'an VIII pour l'organisation municipale.

Le 13 octobre suivant, M. Virot Lescuyer fut élu mai[re] M. Doumanget adjoint.

En 1832, la halle en partie abattue par un incendi[e] est reconstruite sur le même emplacement; elle était en bois elle avait quatre portées et 28 poteaux.

Cette année là, on fit à Charmont un travail d'utilit[é] publique de la plus haute importance.

On avait fait creuser en 1830, à l'extrémité de la Grande rue, sur la place de la Liberté, deux puits dont la profondeur est de sept mètres, donnant un débit d'eau considérabl[e].

En 1832, l'eau fut prise dans ces puits à deux tiers de profondeur, et fut conduite par des tuyaux en fonte, dans un autre puits beaucoup plus profond sur la place de la Couronne, où l'on établit une pompe publique; l'année suivante, les eaux furent conduites de ce dernier puits dans un bassin en pierre de taille au bas de la halle, pour servir, au moyen de compartiments, de fontaine publique et d'abreuvoir.

La surabondance des eaux s'écoule par le même moyen, dans un vaste lavoir élevé à l'extrémité de la rue basse; un autre lavoir fut construit plus tard à Genifontaine.

On voit que Charmont, malgré sa position sur une montagne n'a rien à envier à aucune autre localité pour ses eaux qui ne tarissent même pas dans les plus grandes sécheresses.

Cette année de 1832 fut signalée par un terrible fléau. Le Choléra morbus fit son apparition dans nos contrées avec un violence terrible.

Il commença à Charmont le 5 juin et jusqu'au 15 juillet il fit 50 victimes.

On avait, dans la prévision de son passage, organisé une pharmacie, et appelé un médecin de la capitale.

Il faut constater que les decés n'eurent pas l'importance qu'ils atteignirent dans les pays voisins, comme Bettancourt, Alliancelles et Sermaize.

Un fait qui n'est pas sans importance pour le pays, c'est la vente en 1833, du bois Bouchot et du bois du Roi, restant des domaines engagés au Duc d'Orléans.

Le défrichement du bois du Roi amena à Charmont, un assez grand nombre d'étrangers, dont plusieurs s'y sont fixés; l'exploitation des bois fut une source d'aisance pour le pays, et sur le terrein furent élevés un château de plaisance et une ferme qui ont pris le nom des Bourgeois.

En 1840, le cimetiere fut clos de murs et les rues furent réparées et rechargées de gravier.

A la suite des élections du 21 septembre 1841, M. Pierre Charles Dommanget adjoint fut élu Maire et M. Auguste Maillard adjoint.

Depuis cette époque, la vicinalité ne fait que prospérer.

En 1847, Charmont est traversé par le chemin de communication N° 18, de Châlons à Bar le duc; la commune y contribue pour une somme importante.

Le chemin de Villers le sec à Charmont venait d'êt classé en 1840, comme chemin d'intérêt commun, et par ces deux voies, le pays se trouvait relié sans interruption à toute les localités et à toutes les villes environnantes.

En 1847, le bourg fut éclairé par des réverbères; c'était une dépense d'une utilité incontestable pour un pays aussi populeux et aussi fréquenté;

La république de 1848 vint surprendre les habitants qui s'étaient fort peu occupés de banquets reformistes.

Elle fut reçue par la plupart avec appréhension, on craignait le retour des malheurs de la première révolution.

Quelques troubles eurent lieu, et furent facilement réprimés; ce ne fut qu'un peu d'agitation comme partout ailleurs produite subitement comme par une cause électrique.

Le peuple avait besoin en ces temps de jouer aux clubs, et de se former en comités: par ce moyen, il y avait des Présidents, des secrétaires, des membres de comités, des délégués, l'on est toujours avide partout de distinctions, qu'elles qu'elles soient.

Sur cette base, quelques personnes imaginèrent de former une société qui fut appelée société du bien public; on avait écarté à dessein le nom de club, son but était de détourner les esprits des idées politiques, en les occupant de leurs besoins matériels, et de questions pratiques tant dans l'ordre physique que dans l'ordre moral; elle avait obtenu un grand succès et réunissait parmi les principaux membres, des ecclésiastiques, des médecins, des fonctionnaires, des officiers ministériels et presque toutes les personnes instruites des environs, il y fut traité des questions d'une véritable utilité pratique.

Elle avait contribué pour beaucoup à calmer les esprits, mais elle fut obligée de se dissoudre comme toutes les autres assemblées, par la volonté du pouvoir.

Le 10 décembre 1848, Charmont fut le siège d'une section présidée par M. le maire, pour l'élection du Président de la république; tout se passa dans le plus grand ordre et une très grande majorité fut acquise à Louis Napoléon Bonaparte.

Le vote pour la prolongation des pouvoirs et celui qui avait pour but la consultation du peuple sur la promulgation de l'empire furent presque unanimes.

En 1848, la commune de Charmont obtint une médaille d'argent de la société d'agriculture de la Marne pour l'entretien de ses chemins vicinaux.

En 1855, les registres de l'état civil contiennent la transcription des actes de décès de 6 militaires morts en Crimée.

En 1856, le cimetière devenu insuffisant à cause de l'alignement qui lui avait été donné par la confection du chemin N° 18 et par les demandes de concessions de sépulture, fut agrandi par l'acquisition de parcelles sur les propriétés provenant de l'ancien prieuré appelées aujourd'hui la Priolée.

Le même chemin traversait la halle, et la police du roulage était difficile dans sa traversée; lors du tracé de la route on l'avait provisoirement respectée à cause de sa destination.

En cette année, quelques accidents étant arrivés, et les foires n'étant plus d'aucune importance, la halle fut vendue à M. Haudos huissier à Bassuet enfant du pays qui en a formé les principaux batiments d'une ferme lui appartenant sur le territoire de Bassuet.

C'était un monument historique, mais hélas! que de monuments de ce genre ont disparu pour faire place à des routes, ou à des établissements en rapport avec les besoins actuels!

La question fut longtemps agitée, la halle était entrée dans les habitudes du pays; les regrets furent vifs, on avait eu l'idée de la transporter ailleurs; le projet de vente prévalut, à cause des dépenses, qu'eussent nécessité les réparations urgentes dont elle avait besoin sans intéret pour la commune; d'ailleurs son déplacement et sa transformation auraient enlevé tout l'intérêt attaché au souvenir du passé

A cette même époque, la commune était menacée de perdre la principale source de ses revenus.

Une demande était formée par le domaine de l'état, dans un mémoire du 16 mai 1853, signifié par exploit d'huissier le 8 juin 1854, en revendication de la nue propriété des biens détenus par la commune de Charmont pour moitié, par celles de Bussy le repos et de Possesse pour l'autre moitié ainsi que des hayottes dont le partage avait été fait entre les habitants.

Le mémoire prétendait que la charte d'Anceau de Garlande par nous rapportée n'accordait aux communes que le droit d'usage; dans le cas où les communes eussent succombé, le cantonnement ou partage entre l'état et les communes devenait inévitable, et dans quelles mesures?

Ces propriétés avaient été l'objet de nombreuses discussions entre les habitants et les successeurs des donateurs depuis 1472 jusqu'à la révolution; aucune instance n'avait abouti en ce qui concernait le fond; on avait toujours éludé la question et l'explication de la véritable signification des mots employés dans la charte à l'époque où elle fut donnée; les sentences et arrêts ne portèrent que sur l'usage, sous réserve des droits des parties sur la nue propriété.

Une question de domaines engagés fut soulevée par une sommation du 22 janvier 1829, dont M. le Directeur général des domaines s'était désisté par délibération du Conseil d'administration du 14 Octobre 1831

L'instance nouvellement engagée prenait pour base cette proposition énoncée à la fin d'un mémoire du 16 mars 1853:

« Il faut donc tenir pour certain que les communes de « Charmont, Possesse et Bussy n'avaient que des droits d'usage sur « les bois broussailles et paquis, l'état demande à être reconnu « propriétaire ».

Grand fut l'émoi des habitants: les charges du budget créées en vue des ressources existantes étaient nombreuses et inévitables, les paquis partagés n'étaient plus pour la plupart entre les mains des premiers détenteurs; les parcelles avaient été bien des fois vendues ou échangées.

La crainte de succomber dans ce procès était fondée sur un assez grand nombre d'arrêts contre des communes dont la position paraissait analogue.

Me Desmarest du Barreau de Paris plaida pour les communes, et le tribunal de première instance de Vitry le Français rendit le 18 Août 1856, l'arrêt suivant qui déboutait le domaine, et maintenait les communes dans la propriété de leurs biens.

« Le Tribunal jugeant en premier ressort,

« Attendu que le Préfet de la Marne comme représentant « de l'État, a par exploit du 28 juin 1854, formé contre les communes « de Charmont, Possesse et Bussy le repos, une demande en « revendication de bois, paquis et broussailles appelés les Bâtis, « les hautes tailles, les Bayottes, les Druynelles ou Druynaux en « prétendant que ces communes n'ont jamais été qu'usagères;

« Attendu que l'État fonde sa demande en revendication

« 1° Sur la copie d'une donation de 1223 par lui considérée « comme ne conférant aux communes qu'un droit d'usage;

« 2° Sur divers documents, sentences, arrêts, déclarations, états « de sommes à payer au role des contribuables;

« 3° Enfin sur des considérations par lui présentées comme « formant un double axiôme de droit féodal savoir: que le paiement « du droit d'amortissement pouvait seul rendre une communauté « propriétaire, la qualité d'usagère devant être nécessairement « reservée et appliquée à toute communauté payant le droit de « de nouveaux acquêts:

« Considérant que de l'ensemble des dispositions de la copie « de la donation de 1223, où le mot usage n'est pas même énoncé « et notamment de ces expressions toutes indicatives de la propriété, «et du fait de sa translation, « nous avons donné par ces présentes « à nous appartenant les bois appelés les Bâtis, » il résulte que « le seigneur donateur a transféré et voulu transférer aux « communes non un bois d'usage, mais bien directement les « bois eux-mêmes, c'est à dire la pleine propriété.

« Considérant que le fait de l'indivision établie par « le donateur entre les communes quant à la propriété de ces « bois, explique naturellement le sens de ces mots: en disposer « les uns avec les autres pour en faire leur profit, placés à la suite « de ceux-ci: prendre, couper et vendre, tous énonciatifs du droit « de propriété;

« Que d'ailleurs ces expressions, fussent elles interprétées dans le sens même de l'état on devrait néanmoins « reconnaître que si cette limitation à pour objet de porter atteinte « au droit de propriété en lui même, elle consacre l'existence de ce « droit comme plein et entier, dans le cercle où le donateur à « voulu qu'elle pût se mouvoir et s'exercer;

« Considerant que la réserve stipulée par Anceau de « Garlande, de prendre du Bois pour l'entretien de ses maisons et « châteaux, où bon lui semblera, ne peut s'expliquer que par « l'alienation de la pleine propriété au profit des communes, cette « stipulation étant inconciliable avec le fait de la concession d'un « simple droit d'usage.

« Que cette réserve faite par le donateur et complètement « exclusive de la propriété, est encore confirmée en ce sens par l'acte « d'abornement du 13 mars 1277. de Godebert de Garlande visé « par Jacques Amelot dans sa sentence du 22 Aout 1661, et

« dont l'existence se trouve encore bien intacte dans les délibérations « des municipaux de Charmont du 25 mars 1790, qui avait pour « objet de savoir si l'on devait ou non en présence des lois nouvelles « rendues par l'assemblée nationale, continuer à exécuter « les dispositions de l'abornement et permettre à De la « Marche, seigneur particulier du fief de Renaulmont de « prélever dans les bois de la communauté un triage d'un « demi arpent de bois taillis et de deux chênes à son choix.

« Considérant que ces mots: quoiqu'ils en mesusent « expriment non point une négation du droit de propriété, mais « seulement une prescription insérée par le Donateur pour la « conservation des fonds et dans l'intérêt même des communautés; que « d'ailleurs cette mention est aussi bien applicable au droit « d'usage qu'au droit de propriété.

« Considérant que la redevance d'un denier tournois « par chaque habitant établie par le donateur sur les biens « aliénés est à elle seule à raison de sa minimité et de « l'importance des biens donnés, complètement indicative de la « nature féodale de ce cens reservé par Anceau de Garlande « comme la marque honorifique de la Directe seigneurie (Denizard « Bourzon, Loysel)

« D'où suit que par son texte et par son esprit, la copie « de l'acte de 1223 contient veritablement une donation de la pleine propriété des bois revendiqués;

« En ce que concerne les arrêts sentences et rôles des « contributions.

« Considérant que ces derniers documens doivent être

« soigneusement séparés et distingués, qu'en effet si les arrêts « et sentences ont un rapport direct avec l'objet du litige actuel « et doivent à ce point de vue, servir à déterminer la nature « du droit des communes, il serait injuste d'accorder la même « force probante soit à des déclarations soit aux divers rôles « des sommes à payer, ces derniers documents devant nécessairement « reproduire la tendance des déclarants et l'état ordinaire de la « lutte engagée entre les dissimulations du taillable, et les « exigences fisc.

« Considérant que l'arrêt du 19 décembre 1588 par la « nullité de l'adjudication des bois qu'il prononce, démontre « que les communes ont été alors considérés comme pleinement « propriétaires des bois par elles possédées, cette qualité seule et non « celle d'usagère pouvant faire obstacle à la validité de l'adjudication.

« Que de même cette énonciation subsidiaire y insérée: « quand bien même ils ne seraient que simples usagers démontre « aussi que la propriété en laquelle les communes ont été « maintenues, formait en 1588, le véritable point du litige.

« Considérant que la sentence du 8 août 1661 intervenue « au sujet de l'abattage et de la dégradation des bois est « également explicite et décisive sur la nature du droit concédé « aux communes, puisqu'après avoir visité l'abornement de « 1277 et les sentences de 1472 et 1515, elle renvoie les habitants « de Charmont en possession et jouissance de leurs dits bois, pour en « jouir comme ils ont ci-devant fait, c'est-à-dire pour continuer à « faire acte de propriétaire et pouvoir comme avant l'assignation « abattre et dégrader.

« D'où suit que le droit de propriété des communes est « confirmé par tous les documents judiciaires produits en la « cause.

« En ce qui touche les déclarations faites au terrier du roi.

« Considérant que la cause de la possession des biens « litigieux étant incontestablement identique pour les trois « communes, l'objet de leurs déclarations doit être nécessairement « le même quant à la nature de leurs droits, qu'il y a lieu dès « lors, en présence de la certitude de l'origine commune des biens « de réunir en faisceau les trois déclarations des communes de « Charmont, Possesse et Bussy, pour éclairer et fortifier l'une « par l'autre.

« Considérant que si dans l'acte du 14 juin 1680 dressé pour « établir les droits dûs au roi et pour déterminer la matière du droit « des communes sur les biens par elles possédés, les bois et usages « de la commune de Charmont ont été dans ce but doublement « indiqués par rapport au fait de possession et jouissance, ou du « domaine utile, cette double énonciation s'explique par la double « situation féodale de celui auquel était faite la déclaration « c'est-à-dire au Roi tout à la fois sire et seigneur et percevant « des droits multiples et distincts à raison même de cette double « qualité.

« Considérant d'ailleurs que les déclarations des communes « de Possesse et Bussy le repos du 1er juin 1678 et du 5 juin 1680 « relative au même objet sont claires et precises sur la nature « de leurs droits et mentionnent expressément qu'il leur « appartient le quart des Batis et Bautestailles par indivis avec

« la commune de Charmont, ce qui implique au profit des « communes, l'existence du droit de pleine propriété.

« Considérant que les déclarations faites pour servir « à la perception du droit des nouveaux acquêts, contiennent nonobstant « certaines dissimulations presqu'inséparables de ces actes, la « mention que ces communes sont propriétaires.

« Qu'ainsi dans la déclaration du 11 Août 1614 à côté « de l'inexactitude volontaire qui réduit la contenance de leurs « bois au chiffre impair et minutieusement trompeur de 83 « arpents 3 quartiers, les habitants Charmont non oublieux de la « question du procès jugé par l'arrêt de 1588 constatent hautement « et sans ambiguité possible, leur droit de propriété sur ces biens, « en disant: *Qu'ils ne tiennent aucun bois, terres, prés, ni autres « héritages en usage bien est qu'ils tiennent à cens de leur seigneur*; « c'est-à-dire pour la pleine propriété, *83 arpens 3 quartiers de « broussailles.*

« Que de même si dans les déclarations des 11 et 12 « novembre 1619, la possession des communes est appelée droit « d'usage, cette qualification incertaine déja expliquée néanmoins « par le titre de ces deux actes portant: *déclaration des usages appartenant « et que possèdent les communes* est nettement et entièrement rectifiée « par ces expressions si précises de la déclaration du 23 avril 1634: « *appartient aux dits habitants moitié d'une pièce appelée les hâtis et « d'une autre petite pièce appelée les hautes taillés*, mention « textuellement et directement indicative du droit de pleine propriété.

« Considérant, relativement aux états de sommes à payer « par les communes, pour leurs biens ou usages, que les divers rôles

« de contributions ne contiennent que des énonciations incertaines « et sans portée pour la solution du procès; que ces documents créé « d'ailleurs sans la participation des communes n'étant pas « contradictoires avec elles, ne peuvent leur être juridiquement « opposées.

Attendu aussi et comme considération générale « applicable à tous les documents produits en l'instance, que « si le mot usage employé seul dans l'acte et non comme « dans les documents de cette cause, avec l'addition constante de « quelques autres expressions explicatives, peut être accepté comme « désignant ordinairement le démembrement de la propriété « comme sous le nom de droit d'usage, cette règle d'interprétation, « si elle éxiste, ne pourrait recevoir son application en Champagne « où les mots, usages, nos usages ont toujours indiqué et indiquent « encore aujourd'hui non pas la nature ni l'étendue du droit « de possession des communautés sur leurs biens, mais directement « les fonds de terre prés ou bois possédés par elles en pleine « propriété dénommés par une interversion de langage qu'explique « le fait de jouissance individuelle des propriétés communales.

« Considérant du reste qu'aux termes de l'article 12 de la « loi du 28 Aout 1792, s'il y a concours de plusieurs titres, on « doit, pour statuer sur la question de propriété, préférer et appliquer « le titre le plus favorable aux communes ».

« En ce qui concerne la déduction à tirer de l'amortissement « et du paiement du droit de nouveaux acquêts;

« Attendu que l'objet des lettres d'amortissement données « par le roi aux gens de main morte était non pas de les faire

« propriétaire, le plus souvent le roi n'ayant aucun droit de propriété « des héritages amortis, mais seulement une permission à eux octroyée « de posséder héritages en France sans qu'ils puissent être contraints « en vuider leurs mains, et ce nonobstant les statuts et ordonnances par « lesquels il leur était prohibé de tenir héritage au Royaume (Dumoulin coutume de Paris art 44 et suiv.t (Bacquet Chapitre 51)

« Attendu que le droit de nouvel acquêt émanait uniquement « du simple fait de la possession quelle qu'en fut la nature, par des « gens de main morte, d'héritages situés en France et non amortis « d'où suit que la cause commune de ces deux droits parallèles « l'amortissement et les nouveaux acquêts simplement relative à « la personne des possesseurs, n'était nullement caractéristique « de la nature du droit des communautés sur les biens par elles « possédés, et ce d'autant plus, comme le dit encore Bacquet qu'en « matière de francs fiefs et de nouveaux acquets, on regarde l'incapacité « de celui qui jouit de l'héritage, soit quil en jouisse comme propriétaire « ou comme usufruitier, ou comme simple usager (Page 398)

« Attendu conséquemment que l'amortissement et les « nouveaux acquets, droits essentiellement honorifiques et féodaux « incorporés et radiqués à la couronne de France (Bacquet) ne peuvent « en aucune manière soit directement soit indirectement servir à « caractériser la nature du droit de possession des communes « sur les bois litigieux.

« Attendu en outre que l'état demandeur en revendication « et obligé à ce titre, de justifier sa demande, n'apporte à l'appui « de sa prétention la preuve d'aucun fait de possession réelle « soit par le Roi, soit par le seigneur relativement au domaine

« utile des biens par lui revendiqués.

« Attendu que les communes, au contraire, et surabondamment, « puisqu'elles sont defenderesses, ont établi par les divers documents « ci-dessus relatés, la preuve de leur possession des dits lieux comme « propriétaires.

« Que leur jouissance à toujours eu lieu sans l'intermédiaire « des officiers forestiers chargés par les ordonnances de 1540, 1583, « et 1669 de délivrer aux usagers, les bois d'usage, ce qui démontre « de la manière la plus certaine, que cette jouissance à toujours « été exercée par appréhension directe, c'est-à-dire de propriétaire;

« Considérant que la nature de leur droit de pleine propriété « résulte pour ces communes, d'une énonciation de la déclaration « du 23 Avril 1634 constatant qu'une partie des dits biens à été « vendue aux nommés Jean Ouriet, Claude Maupas et Abraham « Varnier de Charmont, et aussi du contexte d'un registre des « délibérations de la même commune où sont mentionnées les « estimations des bois d'usage et diverses dépenses faites en « 1788, et 1789, pour le martelage du bois et le paiement du gage « de Jean Hugny, garde des usages, énonciations toutes confirmatives « du droit de propriété des communes;

« Que de même cette pleine propriété est attestée par « l'aménagement des bois en coupes annuelles de 60 arpens « tel qu'il est mentionné dans les déclarations des 11 novembre « 1619 et 23 Avril 1634 cet aménagement ainsi préalablement « et primitivement fixé étant nécessairement basé non sur « le nombre et les besoins des possesseurs, condition essentielle « du droit d'usage, mais bien sur l'ensemble de la contenance

« et le produit total de tous ces bois, c'est-à-dire le fait invariable « de la propriété.

« Considérant que le droit de pleine propriété des « communes est certainement établi par le fait incontesté de « leur jouissance postérieurement à l'ordonnance de 1669, « abolitive dans les bois royaux de tous les droits de chauffage « et d'usage pour réparer;

« Attendu au surplus qu'en présence du fait de « jouissance des communes, de la complète abstention du « seigneur ou du roi comme possesseur utile, et de la différence « de divers actes produits par le domaine comme récognitifs « du droit d'usage, documens non conformes les uns aux autres, « l'état doit être tenu en sa qualité de demandeur de représenter « non une copie informe, traduction incomplete, incorrecte, « de l'acte de donation, mais bien le titre primordial lui « même, ou du moins un acte équipollent à ce titre par la « mention intégrale et authentique de sa teneur, ce qu'il ne fait « pas et qu'il est dans l'impossibilité de faire,

« Attendu enfin, relativement à la réserve spécifiée « par l'abornement de 1277 et existant encore en 1790 au profit « du seigneur du fief de Renaulmont, situé sur le finage de « Charmont; que cette redevance du domaine utile non perçue « depuis 1790 a été abolie par la loi des 15-28 mars 1790, article « 30, et serait en tous les cas éteinte par le non usage depuis plus de « trente ans; que d'ailleurs la revendication de cette réserve ne « pourrait être exercée par l'état mais seulement par les « représentants de celui qui possédait, c'est-à-dire par les héritiers ou ayant cause du seigneur de Lamarche;

« En ce qui concerne les Hayottes et les Druyelle

« Considérant que les Hayottes ne sont point compris

« dans la donation de 1223 relative seulement aux Batis et

« hautes tailles d'où suit que toutes les inductions tirées par l'éta

« soit de la teneur ou de l'esprit de la copie de l'acte de donation

« soit de divers actes qui l'on suivie, sont entièrement applicable

« à cette partie des biens revendiqués;

« Que conséquemment, en l'absence de toutes justificatio

« de demande sur ce point, la commune de Charmont doit être

« maintenue dans la propriété de ces biens;

« Considérant en outre qu'en exécution des decrets du

« 14 Août 1792 et des 10 et 11 Août 1793, les terres des Hayottes

« ont fait entre tous les habitants, l'objet d'un partage valable,

« public et régulier consigné dans un acte du 10 Germinal

« an 2, porté à la connaissance du domaine par son enregistrement

« en date du 17 du même mois, d'où suit encore que la propriété

« des dits biens appartenant de temps immémorial à la commune,

« doit être néanmoins soutenue en la personne des co-partageants

« ou ayant cause;

« En ce qui concerne les Druyelles ou Druynaux

« Attendu que les communes défenderesses n'ont rien

« à répondre sur ce point, les biens ainsi dénommés et revendiqués

« in globo par l'état étant détenus non par elles mais par la

« commune de Vernancourt;

« Par ces motifs,

« Maintient les communes de Charmont Possesse

« et Bussy le repos en la propriété des biens revendiqués ;

« Déclare le Préfet de la marne mal fondé dans sa « demande l'en déboute et condamne aux dépens ».

Ce jugement fut confirmé par la cour d'appel de Paris, sur la demande du domaine.

L'Etat appelant plaidait par Me Lebon avoué et et Me Grenier avocat.

La cause mise au rôle sous le No 6215 vint à l'audience de la première chambre le 11 janvier 1858. La cour était composée de :

MM. Delangle 1er Président

De Vergès président de chambre.

Epivent, Perrot de Chezelles, Mourre, Tardif, Perard, Anspach, Helly d'Oissel, Cazenave et Metzinger conseillers.

De Vallée avocat général assités de MM. Fournier greffier d'audience et Lot Greffier en chef.

L'avocat de M. le Préfet posa les conclusions suivantes :

Mettre le jugement dont est appel à néant, dire que les communes n'ont jamais été que simples usagères, et que la propriété n'a jamais cessé d'appartenir à l'Etat ;

Que les droits d'usage seront exercés suivant les lois et règlements forestiers ;

Condamner les communes aux dépens de première instance et d'appel.

Me Lebure pour les communes conclut à déclarer l'appel nul et non recevable.

Ordonner que ce dont est appel sortirait son plein et entier effet.

Arret:

« Après avoir entendu les motifs des premiers juges, « et M. de Vallée avocat général.

« La cour

« adoptant les motifs des premiers juges ordonne que ce « dont est appel sortira son plein et entier effet.

« Condamne l'état aux dépens. »

Le recours en cassation n'ayant point eu lieu dans les délais légaux, ainsi fut terminé ce différend qui remonte à plusieurs siècles.

Note.

Depuis que ce travail est terminé M. Dommanget maire de Charmont est mort, nous lui devons un tribut de reconnaissance pour la bienveillance avec laquelle il nous a communiqué pour notre travail des documens précieux: que sa famille reçoive l'expression de nos remerciements

En 1867 M. François Jules Lecoq, fut nommé maire de Charmont, les relations de parenté et d'amitié connues entre nous, rendraient suspect tout éloge; nous dirons cependant qu'il a déjà fait commencer et achever un travail de première utilité, le chemin de Charmont à Vernancourt.

Chapitre 16^e

Église et administration paroissiale.

Nous n'avons plus, pour terminer ce travail qu'à parler de l'eglise et de l'administration paroissiale.

La Paroisse jouait autrefois un grand rôle dans le régime municipal; c'est sous ce nom que l'on désignait les diverses communautés d'habitants.

Outre divers droits et prérogatives que la loi civile accordait aux curés, ils étaient chargés du soin important de constater les naissances, les mariages et les décès par des registres qui tinrent lieu jusqu'en 1790, des registres de l'état civil.

Leurs monitoires en chaire, leurs appels à l'évêque et autres moyens plus ou moins réguliers dans la forme, en faisaient, après le seigneur, la première puissance temporelle, ils étaient exempts de toute redevance, et percevaient les dîmes et novales, dont ils faisaient remonter l'origine à ce verset du Levitique:

« Toutes les dîmes de la terre soit des grains soit « des arbres appartiennent au Seigneur, et lui sont « consacrées. »

L'eglise de Charmont est sous le vocable de la Sainte Vierge; sa fête patronale se célèbre le jour de la Nativité, le (8 septembre).

Il nous est assurément prouvé que sur le même emplacement existait au 12e siècle une église qui fut sans doute détruite comme bien d'autres, par les routiers. Au 13e siècle les Garlande en reconstruisirent une nouvelle qui subit le même sort que la première, vers le commencement du 15e, époque où fut rebatie l'église actuelle.

Il est difficile de préciser l'époque de sa fondation à cause de la diversité de ses éléments; les principales parties datent du milieu du 15e siècle.

On trouve des traces de tous les siècles: les baies flamboyantes annoncent le 15e; les retables des autels collatéraux annoncent la renaissance; le choeur est voûté de l'époque extrême de l'ogive; le portail de style grec tout en laissant subsister les traces de l'ogive, accuse une réparation au 17e siècle, la colonne de la première travée de droite de la grande nef porte la date de 1607. De nombreux travaux y ont été exécutés à la fin du 18e siècle, nous pouvons dire que ces remaniements, surtout les derniers, ont eu pour l'effet de détruire ou défigurer tout ce qui eut pu servir de base aux recherches, et que l'étude précise de cet édifice est de la plus grande difficulté. Cependant l'on doit avouer que le vaisseau est assez vaste et que ses dispositions sont heureuses, toutefois nous émettons le voeu que le clocher soit remplacé par un autre plus en rapport avec l'édifice, après que les fondations seront reconnues suffisantes.

Voici ce que nous savons de son histoire: lors de l'érection du prieuré de St Nicolas de Charmont en 1140, l'Evêque Guy de Châlons, donna à l'abbaye de Huiron, l'autel de Charmont; il existait donc à cette époque, ce que la charte appelle altare cum cellâ, autel avec chapelle ou oratoire.

Les Benedictins paraissent avoir occupé des Batiments claustraux dont l'emplacement existe à la suite du cimetière et sans doute contigus avec la chapelle qui était en même temps paroissiale.

Une église plus vaste fut construite pendant les Croisades pour les besoins de la population déja très importante à cette époque.

« Je ne sais pas de temps, dit Mézeray, où l'on ait « bâti plus d'Eglises; il n'y avait pas un seigneur qui ne « se piquât de cet honneur; les plus méchants affectaient « le titre de fondateur, c'est une chose remarquable que la « fantaisie qui se mit dans l'esprit des hommes, de renverser « toutes les vieilles églises pour en rebatir d'autres à leur « nouvelle mode. »

Les Garlande suivirent cet exemple, avant d'avoir bâti l'Eglise de Charmont, ils avaient élevé le prieuré de St. Crépin et avaient aidé à la construction de la nouvelle abbaye de Monthiers.

Le patron de la Cure de Charmont fut de tout temps l'abbé de Huiron, ce qui ferait supposer que dans l'origine c'était une seule et même charge avec le prieuré.

Mézeray nous apprend que dans le onzième siecle et les siecles suivants, les prieurés se composaient de deux principaux moines prêtres, dont l'un s'appelait prieur et l'autre second, et qu'ils étaient chargés dans les paroisses du service du culte, ce qui faisait donner à ces établissements les noms de Prieurés-cures.

Après la destruction des batiments claustraux pendan les guerres de Charles quint ou de Philippe 2 son successeur le prieuré ne fut plus qu'un bénéfice sans residence; nous n'avons trouvé la trace avant ce temps là, d'aucun curé en titre; à cette époque, nous voyons seulement que le curé est chargé d'acquitter pour le prieur, une messe par semaine à l'autel St Nicolas de l'Eglise de Charmont qui reste affecté à ce bénéfice, il parait raisonnable de supposer que le premier curé de Charmont fut le second prêtre moi du prieuré.

Le Chapitre de St Etienne avait aussi élevé des prétentions sur la cure de Charmont.

Il est vrai que, d'après un titre de 1387 relatant des droits anterieurs, les chanoines étaient décimateurs pour un quart de la paroisse, mais l'abbé de Huiron à toujours conservé le droit de présentation à la cure.

En 1629 Simon Huvel donna à la fabrique une petite ferme à St Jean devant Possesse, à charge d'une messe par semaine à perpetuité.

Cette ferme fut vendue comme bien national.

Elle était louée en 1748 pour un fermage de 40 ou 45 livres.

Le premier curé de Charmont dont nous trouvons le nom, et cependant il dut y en avoir avant lui, même avec la supposition que nous avons faite, que Charmont avait été un prieuré cure, est Messire Jean Lefevre qui gouverna la paroisse pendant 46 ans. Il fut installé dans le mois de

Janvier 1672.

En 1683, monseigneur Louis Antoine de Noailles évêque de Châlons visita la paroisse dans sa tournée épiscopale.

Il n'existe point aux archives départementales, de procès verbal de cette visite; La suivante faite par son second successeur en 1727 fait remonter la dernière à 44 ans, et signale une sentence de Mgr de Noailles de 1690 au sujet des Dimes.

Mgr Gaston de Noailles son frère et successeur ne passa point à Charmont en 1697 en parcourant le doyenné de Possesse.

Les 22 et 23 juillet 1695. les deux cloches de l'Eglise furent refondues par les sieurs Guyot frères, de Ligny.

En 1710 des réparations furent faites à l'édifice, et notamment on construisit un autel au chœur; le produit des coupes de taillis du quart en reserve y fut affecté.

Le 20 mai 1722, on entendit sonner pour la première fois l'horloge de l'église construite aux frais des habitants.

Les laboureurs y affectèrent la somme de 158 livres qui leur avait été attribuée par l'état pour voyages et convois faits pour le roi en 1709; une quête faite chez les manouvriers compléta le prix de cette horloge.

Jean Lefèvre fut longtemps infirme avant sa mort, et la paroisse était desservie par un religieux.

Il mourut en 1723 et fut inhumé dans le cimetière

Son successeur Messire Pierre Thierry Gerard, né

à Wassy, n'administra la paroisse que pendant six ans; il mourut en 1729 et fut enterré dans l'Eglise devant la chapelle de la Ste Vierge.

En 1727 avait eu lieu la visite pastorale de Mgr de Saulx Tavannes, qui administra la confirmation et la communion à 300 personnes.

Le procès verbal de cette visite constate que l'Evêque trouve l'Eglise en très mauvais état, il réclame la réparation de la nef et des collatéraux, et le remplacement des bancs; il menace d'interdire l'Eglise, si les réparations n'en sont point faites dans le délai de trois mois.

La cure de Charmont levait les novales et le quart des Dîmes.

Nous ne pouvons passer sous silence sans être traité d'optimiste, le jugement porté sur les vices dominants de la paroisse, malgré sa sévérité:

« L'ivrognerie, le blasphême, la discorde dans les ménages, « le vol, mauvaise éducation des enfants, ignorance crasse de la « religion, sans respect pour les prêtres et pour les juges.»

Le procès verbal de visite est terminé par le monitoire suivant:

« L'état d'ignorance dans laquelle nous avons trouvé « la plupart des paroissiens, lors que nous les avons interrogés « avant la confirmation nous ayant fait connaître d'une part que « l'on n'est pas aussi soigneux qu'on le devrait d'assister aux « instructions, et de l'autre, combien il est difficile qu'un seul « prêtre puisse suffire à procurer à un nombre aussi

« considérable d'habitants qu'il y a, tant dans le lieu, que « dans les hameaux qui font partie de cette paroisse, et qui « sont situés quelques uns à une grande distance, tous les « secours spirituels dont il est besoin, nous ordonnons qu'il « sera établi un vicaire dans cette parroisse pour aider le « sieur curé dans ses fonctions, et pour ceux des habitants « qui ne peuvent point assiter à la messe, lorsque l'on n'en « dit qu'une, ne voulant pas quitter tout à la fois leurs maisons « à cause des accidents qui pourraient arriver, puissent, les « dimanches et fêtes, assister à une seconde messe. »

Après M. Gérard nous trouvons M. Jean Baptiste Buyrette qui fut curé de Charmont de 1729 à 1768, c'est-à-dire 39 ans; il réunit plus tard à ce titre, celui de doyen de la chrétienté de Possesse.

Ce doyenné contenait 37 paroisses reparties actuellement tant dans l'arrondissement de Vitry-le-François et de Ste Ménéhould (marne), que dans celui de Bar-le-duc (Meuse.)

M. Buyrette était, à ce qu'il parait, un homme entreprenant et ne se laissant point abattre par les difficultés.

M. Gérard que des documens contemporains jugent bon et faible, ne put, malgré l'ordonnance épiscopale dont il était armé, et aussi à cause d'une longue maladie qui preceda sa mort, parvenir à faire exécuter à l'Eglise, tous les travaux indiqués.

M. Buyrette obtint en 1734, malgré l'opposition de la municipalité et des habitants, le produit de la vente du quart en reserve tant en tailles qu'en chênes, pour faire, à l'église, les réparations et les changements nécessaires, entr' autres, le blanchissage complet du vaisseau interieur le changement de l'escalier, le percement de nouvelles vitres, la construction de la sacristie.

On trouve en 1664 une transaction sur un procès durant depuis plus de quinze ans entre la communauté et la fabrique de Charmont et les heritiers d'un sieur Biguet entrepreneur de travaux à Sermaize, au sujet des travaux éxécutés à l'Eglise, dont nous venons de parler, les heritiers abandonnent à la communauté, pour terminer le différend, une somme de six mille deux cents livres, à cause des travaux mal faits et de la mauvaise qualité des matériaux employés.

Un autre document nous apprend qu'en 1734 et 1735 il avait fait reconstruire le presbytere, aux reparations duquel on avait recemment consacré une somme considérable; le même document accuse M. Buyrette notre glorieux curé d'etre cause de la ruine de l'entrepreneur, et de vouloir aussi ruiner la communauté.

En 1748, Mgr de Choiseul Beaupré évêque de Châlons fit sa visite pastorale à Charmont le 8 septembre jour de la fête paroissiale; il administra la confirmation, et 550 personnes reçurent la communion ce jour là.

Le procès verbal de cette visite ne nous apprend rien de nouveau sur l'Eglise, la cure et ses revenus; il nous indique seulement que le traitement de l'instituteur était de 450 livres savoir 200 livres de fixe, 150 livres de casuel et d'ecolage, et 100 livres, évaluation approximative de la quête du vin.

Le monitoire qui termine ce procès verbal de visite est moins sévère que le précédent, mais il n'est point encore exempt de reprimandes graves; il s'adresse surtout aux femmes au sujet de l'éducation des enfants.

En 1768 Mr. Buyrette affaibli par l'age échangea sa cure avec son neveu Mr. Louis Buyrette curé de Vernancourt. Le premier mourut bientôt dans sa nouvelle paroisse; son corps fut rapporté à Charmont où il fut enterré dans la grande nef.

On n'a pas actuellement d'autres traces de sépultures dans l'église, que celles dont nous venons de parler, cependant il devait en exister antérieurement à cette époque, l'on remarquait, avant la révolution, une tombe en marbre devant chaque autel.

L'une des colonnes de la grande nef celle de la première travée à droite en sortant du chœur porte au bas du chapiteau une inscription assez fruste où l'on peut lire le mot Quenaudel, avec la date de 1607, ce n'est point à mon avis une inscription tumulaire, mais le nom d'un bienfaiteur ou d'un restaurateur de l'église; nous remarquons que ce nom est porté encore par une contrée du territoire, le fossé Quenaudel.

Dans le dernier siecle le droit de la fabrique pour les inhumations dans l'église, était fixé à 20 livres pour les enfants et 25 livres pour les adultes.

Mr. Louis Buyrette qui succeda à son oncle en 1668, était, dit on, un homme d'une grande érudition; il était qualifié de Maitre ès arts en la faculté de Reims; il avait été vicaire de St Jean de Châlons, curé de Coupéville, puis de Vernancourt.

Nous ne savons rien sur lui sinon qu'il fut le dernier curé avant la révolution; il est mort à Charmont dans une famille qui lui avait donné asile à cette époque et dont le chef était autrefois à son service.

L'on sait ce que devint l'Eglise pendant la période de 1791 à 1801.

Elle avait subi des détériorations considérables extérieurement et intérieurement sous le marteau des révolutionnaires.

La fabrique de salpêtre, le culte de la raison et les assemblées populaires avaient nécessité des aménagements différents.

Il fallut donc quand le culte fut rétabli, célébrer modestement le service divin.

Voici un mémoire présenté à la municipalité par l'abbé Lescornels, dont nous avons déjà parlé; il avait été nommé curé de Possesse, et desservait provisoirement Charmont où il demeurait dans sa maison de Renaulmont:

Un missel neuf ______ 23 fr.

Un calice en étain avec la patène et la pale ________ 5 fr.

Une paire de burettes en étain __ 1 "

Les cartons du canon _____ 1 " 25.

Trois corporaux ______ 2 " 40.

Total..... 32F 65c

Peu à peu l'église et la sacristie furent décemment meublées des choses nécessaires au culte.

Le premier curé de Charmont fut M. l'abbé Montrotté; il y demeura jusqu'en 1812.

Il paraît que pendant les cent jours, ce curé avait péché par excès de zèle et irrité les habitants par des discours trop peu modérés; aussi à la rentrée de Napoléon en 1815, subit-il les vexations d'une populace effrénée; croyant sa vie en danger il quitta la paroisse.

M. l'abbé Jacquin vint après lui et n'y resta que jusqu'en 1817; il avait su gagner la confiance des habitants.

M. l'abbé Poisin ancien prieur des Augustins de Châlons, curé de Vernancourt fut chargé de la desserte de la Paroisse de Charmont jusqu'en 1822, et la cure fut ensuite occupée par M. l'abbé Maisse.

Entre autres dépenses faites à l'église on peut signaler la restauration des bancs, la reconstruction de deux autels collatéraux en 1828, et la refonte de l'une des cloches en 1829; le parrain fut M. Vivot et la marraine Mme Lescuyer-Guillemin.

M. l'abbé Grignon est curé de cette paroisse depuis 1832.

Il a su se concilier l'amour et le respect des habitants par sa douceur et sa piété.

On ne peut se figurer dans quel état étaient les habitants à son arrivée, aujourd'hui Charmont est réputé l'une des paroisses les plus religieuses du diocèse; tout cela est dû au zèle de M. Grignon.

En 1846, la même qui avait été refondue par les frères Paintendre en 1829, ayant été fêlée, fut de nouveaux refondue par les mêmes, M. Eugène Billeux St Germain en fut parrain et Mme Prot né Jampierre marraine.

En février 1848 eut lieu à Charmont une mission qui promettait de grands succès, mais qui fut interrompue par l'annonce de la révolution.

Les deux cloches furent encore fêlées en 1853, c'était jouer de malheur, l'une d'elles était de 1693 et l'autre de 1846; on ne pouvait donc accuser ni les anciens fondeurs ni les nouveaux; la cause en fut attribuée à la gelée et au verglas; il est plutot présumable que le montage avait dévié, et que le battant frappait à faux.

Deux nouvelles cloches furent encore coulées par les mêmes fondeurs, le dix huit aout 1855 et furent bénites, le neuf septembre suivant, par M. l'abbé Joannès Vicaire Général délégué par Mgr l'Evêque.

La première du poids de 1074 kilogrammes, eut pour parrain M. Jules Varenne-Thierry et Mme Remy née Desaux.

La seconde qui pèse 777 kilogrammes eut pour parrain M. Eugene Dommanget, et pour marraine Mme Vaucouleur née Lefevre.

La cérémonie fut imposante, et l'affluence d'autant plus grande que c'était le second jour de la fête patronale.

En 1853, des travaux de restauration avaient été

faits aux murs extérieurs et aux fondations que l'on avait lieu de croire en mauvais état, et l'église fut entièrement badigeonnée à l'intérieur.

Des embellissement considérables y furent apportés depuis cette époque.

En 1854 des statues de St Eloy et de St Vincent furent acquises par souscription par les laboureurs et les vignerons; elles ont été modelées et exécutées en terre cuite, par M. Moynet statuaire à Vandœuvre.

La même année, la fabrique et la commune firent l'acquisition d'un magnifique autel en marbre forme renaissance, provenant de l'Eglise de Mognéville; le le sanctuaire fut entièrement dallé en marbre pour le recevoir.

De 1855 à 1858 l'église fut enrichie de trois verrières représentant la vie de la Ste Vierge, dont une de Mrs Lénard de Châlons et deux de Mr Remy de Nancy, ces trois verrières ornent le fond du chevet; deux autres vitraux de couleur, occupent les deux fenêtres qui sont à droite et à gauche du chœur, et une belle rose décore le dessus du portail, ses nervures sculptées sont remplies comme les deux vitraux ci-dessus par des rinceaux de fleurs et de fruits.

Ces embellissements sont dûs, comme une grille séparant le sanctuaire de la grande nef, un chemin de la croix peint sur toile, un joli lustre, et divers ornements du culte, en grande partie à des dons particuliers.

La munificence particulière ne s'arrêta pas là.

En 1863 un autel en pierre sculptée orné de bas reliefs, et de la forme du 13e siècle fut placé au coté droit du chœur qui fut vouté jusqu'au transept pour le recevoir, la fenêtre correspondante contient un vitrail de M. Remy de Nancy.

Il ne nous est pas permis de publier les noms des donateurs, mais ils sont bien connus, et la reconnaissance des habitants leur à déja payé sont tribu de remerciements

Une mission prechée en 1860 par des reverends pères rédemptoristes eut un succés qui a dépassé toutes les espérances.

Nous ne pouvons en dire d'avantage sur l'Eglise de Charmont.

Nous citerons avant de terminer le nom des derniers instituteurs tant avant que depuis la révolution, les autres nous étant inconnus, ce sont:

MM. Sauvat 1721 à 1776.
Gaignette de 1777 à 1822,
Cappy de 1822 à 1825,
Janson 1825 à 1846.
Bourgain entré en fonctions le 26 octobre 1846 est encore en exercice.

Melle Lecrivain institutrice a succedé depuis 1847 aux sœurs de la doctrine Chrétienne qui avant elle dirigeaient l'ecole des filles.

La salle d'asile est en ce moment dirigée par deux religieuses de St Charles de Nancy.

Chapitre 17e

Météorologie, récoltes.

Nous avons terminé notre travail historique et nous aurons dit de Charmont tout ce qui était en notre pouvoir quand nous aurons consigné à titre d'appendice, les faits météorologiques, l'état des saisons et leur influence sur les récoltes depuis près de deux siècles, d'après les notes que nous avons trouvées sur un manuscrit commencé en 1694 et continué presque sans interruption jusqu'à nos jours, dans la famille de Mr Dommanget, maire de Charmont, auquel nous sommes redevable de cette communication.

Avant d'arriver à cette date, où les observations ont été faites par ceux qui les ont annotées, nous allons citer quelques années favorables antérieures, résultant de la clémence des saisons, d'après le Journal de la Marne du 13 janvier 1851.

Les années 1172, 1236, 1304 et 1400 furent remarquées par la supériorité de leurs vins; dès le mois de février, les arbres étaient couverts de feuilles.

En 1441 et 1442, on vit le 14 mars, des épis de blé dans toutes les terres de la rivière d'Aisne.

En 1505, la veille de Noël, on voyait au corset des paysannes des bouquets de primevères et de violettes; en 1500, le 15 avril, il y avait des fraises sur le marché de Metz, et ces années comptent parmi les meilleures.

En 1506, 1526, 1540, il gela à peine quelques jours.

l'on fit la moisson au commencement de juin ; beaucoup d'arbres, les cerisiers entre autres, donnèrent au mois d'octobre double récolte.

En 1507, 1609, 1613, 1619, 1657, 1692, les récoltes furent également abondantes ; il n'y eut ni gelée, ni neige.

Ici le merveilleux cesse ; nous allons marcher sur des donnés certaines ; nous n'avons mentionné ce qui précède, que comme complément aux observations personnelles des auteurs du manuscrit, et sur des notes prises à Vernancourt.

En 1653, 1692, 1693, 1694, 1698, 1699, le blé valut 12 livres, 7 livres, 6 livres ; il fut réduit en cette dernière année à 4 livres, parce qu'il avait été défendu aux marchands de faire aucun achat de blé, ni d'orge, ni d'aveine ; à la moisson de 1799, le blé ne valut plus que 2 livres ; en cette année, il y eut plusieurs vols par *gens fondiants et gourmands*.

Les pauvres furent secourus par l'Evêque, par les curés et par quantité de laïcs qui donnèrent régulièrement du pain aux pauvres deux ou trois fois la semaine. (Note recueillie par M. Oudin.)

1709. Hiver d'une dureté extraordinaire ; les biens de la terre furent gelés du 6 janvier au 20 fevrier ; les pierres des maisons tombaient en poussière ; on fut réduit à manger du pain d'avoine qui valait 40 sous le boisseau, encore n'en trouvait on qu'avec peine, et ce pain jeté sur la muraille s'y attachait comme de la terre molle ; le petit vin de Charmont valait de 50 à 90 livres la pièce ; en 1709 et 1710, la maladie et la misère furent beaucoup plus grandes qu'en

1693. (*M. Oudin*)

1722. Année très-favorable, hiver doux, bonnes récoltes.

1720. Feu du Ciel. Incendie qui ne pouvait s'éteindre.

1739. Trombe le 19 janvier.

1740. 26 juin, autre trombe plus violente abattant les maisons, brisant les chênes de la forêt. L'hiver fut précoce et les neiges abondantes; les foins furent perdus, le fourrage fut rare et cher, les vignes furent gelées avant que le raisin ne pût mûrir; le verjus ne pût être foulé.

1771. Année malheureuse, hiver dur, famine.

1781. Point d'hiver; bonnes récoltes.

1789. Hiver très-froid, mauvaises récoltes, crainte de disette.

1792. Même cause et mêmes effets.

1801. Hiver doux, bonnes récoltes.

1811. Printemps et été secs; récoltes médiocres, vendanges précoces, vins de moyenne quantité; qualité excellente. comète.

1814 et 1815. Travaux incomplets, récolte médiocre, vendange assez bonne.

1816 et 1817. Hiver entremêlé de pluies et de froid, Printemps et été frais; presque pas de moisson; blé germé; la moisson n'a été terminée qu'au 25 Septembre. Le blé tel qu'il était fut vendu jusqu'à la récolte suivante 12 francs le boisseau; disette complète: on ne pouvait faire du pain avec la farine qui ne levait pas.

1822. La moisson fut très-précoce, on récolta les seigles au 16 juin, les froments à la St Pierre (28 juin); la vendange commença à la St Louis (25 Août); le vin était bon et se vendit cher toute l'année.

1823. On signale un tremblement de terre le 27 janvier.

1825. Peu d'hiver, été chaud, vin de bonne qualité.

1827. Grêle.

1829. Année fraîche, moisson ordinaire, mais difficile à rentrer, surtout les marsages. Le blé valut 36 francs le setier et l'avoine 1f,80, le boisseau. Vendanges abondantes, vin de très-mauvaise qualité.

1830. Hiver très-rigoureux; cherté jusqu'à la récolte qui fut médiocre; vin sans qualité.

1831. On remarque un signe au firmament, le 8 janvier formant pendant 5 heures, les trois couleurs nationales.

1832. Les vignes furent gelées; néanmoins le vin fut bon.

1834. Le 27 Août, ouragan terrible, arbres brisés et déracinés, maisons ébranlées: hiver fort doux, printemps froid, été et automne très-chauds; vendanges abondantes; vin de bonne qualité; les sources ont beaucoup baissé.

1835. Au commencement de Janvier, les sources n'étaient pas encore revenues; année orageuse; culture difficile; moissons abondantes; beaucoup de vin de mauvaise qualité et à bas prix.

1836. Pluies depuis le 1er 7bre 1835 jusqu'au 15 Avril 1836, entremêlées de gelées et neiges: semences et cultures contrariées; mauvaises moissons; fourrages rares.

1837. Difficultés pour nourrir le bétail; pluies et neiges alternatives; cultures difficiles; le 18 Avril, il y avait six pouces de neige; il en est tombé jusqu'au 15 Mai. Le 29 Août, un orage violent qui a brûlé moitié du village de Brabant-le-Roi et a tué une jeune fille à Jacquelot-Bauvette, agée de 13 ans. Le 5 Septembre, autre orage, avec des grelons du poids de trois à quatre onces; vignes entièrement gelées, heureusement les récoltes étaient rentrées.

1838. L'hiver dure 6 mois; grande neige le 30 avril; moissons médiocres.

1839. Printemps froid, été très-chaud, bonnes vendanges, vin bon.

1840. Hiver tardif; point de pluie de mars au 1er mai; grandes pluies jusqu'au 20 mai; été sec; peu de foin; moissons abondantes; automne frais, vendanges difficiles.

1841. Hiver fort dur; un garde-forestier de Laheycourt meurt de froid; printemps favorable; été pluvieux, ouragan du 28 juillet abattant les cheminées et les arbres. Vendange mauvaise.

1842. Ouragan du 10 Mars. Trombe du 22 juin, sécheresse, moissons faibles; bon vin.

1843. Hiver doux; vignes gelées, bonnes moissons; peu de vin.

1844. Hiver variable, été pluvieux, moissons médiocres, automne sec, vin médiocre.

1845. Neiges abondantes; cultures difficiles; moissons faibles.

1846. Hiver pluvieux, printemps et été secs; cherté des denrées; moissons médiocres; très-bon vin.

1847. Neiges abondantes; grandes gelées; le blé valut

80 francs le setier; heureusement le vin était de bonne vente; moissons abondantes, beaucoup de vin, mais de mauvaise quali

1848. Hiver fort dur; printemps frais; été convenable, moissons ordinaires, bon vin.

1849. Hiver très-doux, neige tardive, été chaud, récoltes ordinaires.

1850. Hiver long, neiges abondantes, printemps pluvieux été chaud, bonnes moissons mal rentrées, vin abondant mais mauvais.

1851. Hiver doux, les moissons n'ont pas tenu ce qu'elles promettaient; vendanges médiocres.

1852. Hiver dur, printemps froid et sec, été frais, moissons médiocres et difficiles à rentrer, très peu de vin.

1853. Hiver jusqu'au 30 Mars; neiges abondantes, printemps pluvieux, été sec, blé cher, automne pluvieux, vendanges faibles.

1854. Hiver rigoureux, vignes gelées, printemps sec et froid, été pluvieux, foins et blés remis en mauvais état; avoines remises favorablement; point de vin.

1855. Blé et vin chers; moissons ordinaires, vendanges faibles.

1856. Hiver doux, printemps un tiers sec et deux tiers frais, foins perdus, moissons sans rendement, vendanges faibles.

1857. Hiver doux, été très-chaud, orages fréquents, moissons ordinaires, vendanges abondantes, vin de bonne qualité.

1858. Hiver sec; souris; point de foin, peu de blé, vendanges précoces, de bonnes qualité et quantité.

1859. Hiver variable ; neige tardive, vignes et arbres gelés ; récoltes peu productives ; mauvaises vendanges.

1860. Hiver doux après un commencement rude, moissons difficiles à cause des longues pluies, regains perdus, récoltes médiocres, vins mauvais.

1861. Hiver très-rude, neiges abondantes ; l'ouragan du 22 juin n'a fait que peu de ravages à Charmont, moisson médiocre ; vendange passable.

1862. Hiver frais, été et automne pluvieux ; inondations dans les pays riverains des cours d'eau ; moissons et vendanges médiocres.

1863. Moisson, vendange ordinaire.

1864. Vendange abondante, mais de qualité très-médiocre, moisson assez bonne.

1865. Vendange peu abondante mais de bonne qualité, moisson médiocre.

1866. Moissons peu abondante. Vendange assez bonne, mais le vin de mauvaise qualité.

1867. Moisson médiocre, vendange nulle.

Ce petit tableau eût pu trouver sa place au chapitre de la statistique ; mais comme sa longueur et la sécheresse de la nomenclature eussent entravé la marche de ce précis, nous avons cru devoir le placer à la fin de ce livre pour le mettre plus en évidence, car nous pensons qu'il sera plus consulté et médité que le reste de l'ouvrage par une partie de nos lecteurs habitant la campagne ; puisse-t-il aider à leurs remarques et à leur expérience, pour lutter avantageusement contre les événements, par la prévoyance qu'il conseille.

DEUXIÈME PARTIE.

VERNANCOURT.

Précis historique et statistique sur Vernancourt (*Marne*).

Chapitre 1er

Origine - Etymologie.

Je ne m'égarerai pas à rechercher l'origine de Vernancourt dans la nuit des temps. Son nom, de *In Veriam Curtis* ou plutôt *Veriã ham curtis*, en basse latinité, mêlée d'une conjonction saxonne (courtil, enclos ou habitation fortifiée sur la Vierre) [a] nous sert à faire remonter son existence jusqu'à l'époque de la conquête de la Gaule par les Francs.

Ce qu'il y a de probable, c'est que si, d'après les auteurs, le voisinage des forêts de l'Argonne et des cours d'eau était habité, la position avantageuse de Vernancourt sous ce double rapport, permet de penser que sa fondation remonte beaucoup plus haut que l'époque que nous venons d'assigner comme celle de son existence certaine.

L'agglomération d'habitants sur ce point a pu changer son nom celtique, comme l'a fait certainement le cours d'eau.

Jusqu'en 1830, malgré de nombreux travaux de terrassements

(a) Les mots *Verna curtis* dont quelques étymologistes veulent faire Vernancourt, ne s'éloignent point de la première explication; *verna* qui signifie printanière peut bien être la racine de *veria* (vierre), nom du cours d'eau qui le traverse et que bordent, dans toute son étendue, de vastes prairies.

exécutés, il n'avait pu être signalé aucune date historique par l'examen de médailles ou autres documents découverts dans les fouilles, à cause de l'absence de personnes que cela eût pu intéresser; les nombreuses pièces qui avaient été découvertes jusque là ont été abandonnées, égarées ou dispersées.

Mais M. Poncette, ce chercheur intrépide, dont nous avons déjà parlé, nous communique la note suivante.

« Vers 1840, les travaux exécutés à Bautimont, pour la construction « des fours à chaux, lors de l'établissement des écluses du canal de la Marne « au Rhin, ont amené la découverte de sépultures romaines contenant des « squelettes, des piques, des glaives assez courts et à deux tranchants, des urnes « contenant les médailles des Empereurs romains Nerva, Trajan, Commode, « Posthume, Adrien, plusieurs Constantin, en argent et en bronze. »

Plus de trente pièces sont passées entre ses mains.

Si donc nous ne pouvons remonter à l'époque celtique, nous pouvons au moins croire Vernancourt contemporain de l'occupation de la Gaule par les romains.

Aucun titre antérieur à 775 ne nous est connu. Par ce titre, le roi Pépin et le pape Etienne III passant à Verdun, fit restituer à l'église de cette ville, les terres usurpées sous Charles Martel, et lui donna à titre de dédommagement les terres de *Rembercort, Wanon et Warnoncourt.*

Mais on ne peut en déduire la preuve contraire à ce que nous venons de dire, car il n'est pas rare de voir des communes fort anciennes, n'ayant aucun titre antérieur au 12e siècle et même postérieur à cette époque.

Chapitre 2e

Géographie politique et administrative.

Vernancourt est un petit village situé comme nous l'avons dit sur la rive droite de la Vierre ou Vère (Vera ou Veria) qui le borde dans toute son étendue.

Cette rivière prend sa source sur le territoire de Noirlieu au lieudit Autrivière (Haute-Rivière). Elle a déjà en arrivant à Vernancourt, parcouru environ 20 kilomètres, sur les territoires de Rémicourt, St Mard-sur-le-Mont, Possesse et St Jean-devant-Possesse. Elle a encore un cours à peu près égal jusqu'à son confluent dans la Chée, à Changy, en un endroit qui porte le nom significatif de la Mêlée, en traversant les territoires de Vernancourt, Villers-le-Sec, Heiltz-le-Maurupt, Sogny-en-l'Angle, Vanault-les-Dames, Rosay, Doncey, Vavray-le-Grand, Vavray-le-Petit et Changy. Le nom de cette rivière est souvent cité dans les chartes de l'abbaye de Monthiers en Argonne.

Cette localité faisait partie de *Pagus Pertensis*, Pays Perthois, et de toutes les divisions politiques et administratives rappelées au chapitre 2e du Précis pour Charmont, jusqu'en 1633, époque où la mairie royale de Vernancourt et celle de vingt-et-une autres paroisses furent l'objet d'une contestation entre les officiers des Prévôtés de Saint-Dizier et de Vitry-le-François. Un arrêt du parlement rendu cette année là, fait défense aux deux juridictions « *de les mulcter d'amende* « *pourquoy il leur sera libre de se pourvoir en l'une et l'autre juridiction jusqu'à* « *ce que les seigneurs et les habitants soient appelés pour expliquer leurs intérêts.* »

La prévôté de Vitry l'emporta en ce qui concerne la commune de

Vernancourt. (Durand. Commentaire de la Coutume de Vitry-en-Perthois)

En 1792, ce village fit partie du canton de Charmont, et passa avec lui en l'an VIII, dans le canton d'Heiltz-le-Maurupt.

Il dépendit de tout temps du Diocèse de Châlons-sur-Marne; il était l'une des trente-sept paroisses du Doyenné de Possesse, jusqu'à ce qu'après le rétablissement du culte et le concordat de 1801, il fit partie du Doyenné d'Heiltz-le-Maurupt.

Chapitre 3e.

Statistique. Biens communaux. Budget.

Vernancourt possède de très-belles prairies tout le long du cours de la Vierre; leurs produits sont très-recherchés pour la qualité; ils pourraie devenir plus abondants par des travaux d'irrigation qui ne sont point en usage dans le pays.

Le moulin à farine actuellement approprié au Commerce es bâti sur la rive droite du cours d'eau et se compose de trois paires de meules et d'une batterie à grain. [a]

Outre la culture qui fait la principale occupation des habitan il existe dans le village quelques industries particulières; mais nous devons citer surtout les deux beaux ateliers appartenant l'un à M. Lecoq-Bonnaire, et l'autre à M. Pérard-Gayet. Ils occupent ensemble vingt à vingt-cinq ouvriers et fabriquent annuellement trente à quarante batteries à grain qui s'expédient surtout dans la Champagne, dans la Brie et même dans le Poitou, ainsi que divers instruments agricoles sans compter de nombreuses réparations ou changements aux machines déjà faites.

Le territoire a six kilomètres dans sa plus grande largeur

---

[a] Il est curieux de mettre ici les noms des derniers meuniers qui ont exploité cette usine appartenant aux seigneurs qui le tenaient de Jean Gastebois.

1 Pierre Blanchin	1699.	8 Louis Mony 1795.
2 Claude Blanchin	1730.	9 Richard Vergeau 1816.
3 Nicolas Goyaux	1746.	10 Simon Gillot 1822.
4 Pierre Gillot	1730.	11 Nicolas Gringuillard 1829.
5 Jean Laimont	1752.	12 Collet, père 1835.
6 Nicolas Mariez	1770.	13 Achille Collet 1846.
7 Nicolas Mariez fils	1791.	

du nord-ouest au sud-est, et deux kilomètres de largeur du nord-est au sud-ouest ; sa superficie est de 862 hectares ainsi répartis.

Terres labourables	570 hectares
Prairies naturelles	122 h.
Bois	123 h.
Saussaies	10 h.
Routes, chemins, cours d'eau et emplacement du village	22 h.
Total égal	862 hectares.

Vernancourt ne compte plus qu'un écart ; c'est la ferme des Brousses, aujourd'hui inhabitée et presque détruite ; son origine remonte plus haut que 1550 sous ce nom ; c'était un franc-alleu roturier tenu par les seigneurs du lieu et son étymologie de Brousses ou Broussailles indique qu'elle a pris la place d'un défrichement.

Nature du sol.

Terre argileuse reposant sur un sous-sol imperméable qui produit en abondance du froment, de l'orge et de l'avoine.

Les prairies artificielles, trèfle et luzerne y réussissent très-bien ainsi que les pommes de terre.

Quelques essais de drainage faits depuis quelques années y produisent des effets merveilleux et engagent les propriétaires à continuer ce travail sur une grande échelle.

Vingt-cinq cultivateurs emploient 90 chevaux, nourrissent 160 bêtes de l'espèce bovine, 550 bêtes à laine, 120 porcs, 900 poules, 150 canards, 120 oies.

Il y a onze machines à battre les grains.

En 1841, Vernancourt comptait 314 habitants ; actuellement

il n'en compte plus que 279 repartis en 96 ménages occup[és dans]
93 maisons.

Edifices communaux. Mobilier.

Les édifices communaux sont : l'Eglise entourée de [son]
cimetière, le Presbytère servant de maison d'école et de logement [de]
l'instituteur ; une maison commune en construction devant re[cevoir]
l'école et le logement du maître, ainsi que les services municip[aux]
et la remise des pompes ; deux lavoirs publics.

Note. Depuis 1863, époque de l'achèvement de cet ouv[rage]
la maison commune est terminée et appropriée à sa destination.

Le mobilier ne se compose que des archives de la m[airie]
qui n'ont d'autres documents antérieurs au premier empire, que [les]
registres de l'Etat civil remontant à 1622 ; le mobilier de cl[asse]
deux pompes à incendie et leurs accessoires et quelques casques de p[ompiers]

Les chemins vicinaux et les rues du village sont dans [le]
meilleur état d'entretien.

Autrefois ces chemins et ces rues étaient impraticables ; p[endant]
une grande partie de l'année, il était impossible de sortir avec
voiture ; aussi les rues et les cours étaient-elles encombrées de fumier ; [pour]
s'en débarrasser, on l'abandonnait à celui qui voulait l'enlever ; on
même qu'il était alloué au voiturier cinq sols par voiture.

Quelle différence aujourd'hui ! en ce moment la com[mune]
possède 7 kilomètres de chemins ferrés construits avec ses propres ressourc[es]

(*Note*) Il faut actuellement y ajouter la confection [d'une]
partie du chemin d'intérêt commun de Vernancourt à Charmont
en 1867.

Il existe au milieu du village, un emplacement formé

la réunion des quatre principales rues qui se coupent à angles droits, ce qui lui a fait donner le nom de place des Quatre Rues; ce sont:

La rue du Gué ou de Charmont, sortant au Nord,

La rue de Vitry, aboutissant au midi,

Celle de Bettancourt, au levant,

et la Grande Rue, au couchant.

On trouve encore plusieurs rues secondaires qui sont:

La rue de l'Eglise et celle du château aboutissant l'une à l'autre et prenant sur la place de l'Eglise pour tomber à l'extrémité de la rue de Bettancourt, enveloppant ainsi par un arc de cercle la quatrième partie du Village

La rue Saint-Martin allant de l'Eglise au château forme la corde de l'arc; ce devait être autrefois le principal passage à pied des habitants de ce domaine pour se rendre à l'église.

La rue du Moulin s'ouvrant par la rue de Saint-Jean conduit sur les bords de la rivière et sert de communication entre le moulin et le village.

La ruelle de la Gouesse ou de la Tuilerie va de la Grande Rue, comme un boulevard extérieur aboutir par une courbe sur la rue du Gué.

Un prolongement de la Gouesse allant par les bords de la rivière au moulin s'appelle aussi rue de la Tannerie, à cause d'un ancien établissement de ce genre dont quelques constructions existaient encore il y a quarante ans; cette partie n'est plus qu'une aisance communale qui ne dessert aucun bâtiment et qui aboutit au moulin; autrefois elle avait sa raison d'être, parce que outre le moulin et la tannerie, elle desservait encore les tuileries dont nous parlerons plus loin ;

Une impasse allant de la rue du Château à la rivière bordée de quelques constructions s'appelle encore aujourd'hui l'aisance du château ou simplement l'aisance.

Biens communaux, Budget.

Vernancourt a eu aussi des discussions au sujet de ses propriétés communales. Ses bois des Bruynelles ou Bruneaux lui étaient contestés dans le dix-septième siècle par la communauté des habitants de Charm et un appel pendant au parlement fut jugé en faveur de Vernancourt, en 1689 ; on ne retrouve aux archives que la date des jugements des 20 Octobre 1610, 20 Août 1661, 15 juin 1689 et la déclaration de ses habitants en 1678.

Depuis cette époque, un sieur Baconel reclamait au nom du roi comme faisant partie de son domaine de la Généralité de Champagne, diverses propriétés appartenant à cette commune.

Une délibération de l'assemblée des notables de Vernancourt au mo de mai 1785, prétend tenir de la libéralité de ses seigneurs :

48 arpents, partie en bois et partie en paquis, en lieudit les Bruynea

48 arpents, à la Grande Parfonde, tenant au chemin des Brousses,

6 arpents de pré appelé les Petites Parfondes,

12 arpents de paquis traversés par le chemin de Vitry et de Villers, appelés les Fosses et les Noues,

20 arpents de paquis, appelés la Chalade,

3 portions de rivière du territoire de St Jean à celui de Villers-le-Sec,

Avec quelques aisances de ville.

Cette déclaration est suivie d'une requête par laquelle ils demandent à être maintenus dans la propriété de ces biens.

Des arrêts du Conseil d'État des 2 Septembre 1784, 3 Mars 1785 et 26 Mai 1786 ont révoqué en ce qui concernait le sieur Baconel « tout ce qui a été fait à son sujet ».

Cependant les propriétés communales furent de nouveau revendiquées par le domaine au nom des représentants du même Baconel.

Mais suivant sa lettre consignée sur le registre des Délibérations, en 1830, M. le Directeur des Domaines déclare abandonner ses prétentions, attendu que ces biens ne font pas partie de son domaine de la Généralité de Champagne, et que la commune de Vernancourt n'était pas comprise dans un état des gens de main morte et communauté d'habitants et des domaines usurpés sans titre ou aliénés avec faculté de rachat.

Le bois de Bruneaux avait aussi été compris dans la réclamation faite par le domaine à la commune de Charmont, le 16 Mai 1853, et l'arrêt du 28 Août 1856, confirmé sur appel, par la Cour impériale de Paris le 11 Janvier 1858, que nous avons rapporté au sujet des biens communaux de Charmont a mis le dernier sceau au droit des communes respectives.

En 1813, la commune a vendu pour ses besoins les grandes et les petites Parfondes, et après avoir disposé d'une partie du prix elle a acquis une rente de 556 francs sur l'état, qu'elle possède encore aujourd'hui.

Outre cette vente, elle possède encore

26 hectares de terres, provenant des paquis de la Chalade, des Noues et des Fosses;

6 hectares de prés à la Noue.

Les terres sont louées à long bail et la récolte des prés se vend chaque année; ce qui produit à la commune un revenu de Deux mille francs.

Il y a vingt ans, ces biens étaient en friche et abandonnés à la vaine pâture, aussi ces ressources nouvelles ont-elles mis la commun en état de changer les chemins impraticables qu'elle possédait autref en routes magnifiques;

30 hectares de bois, lieudit les Druneaux formant une coupe chaque deux ans évaluée 4000 fr. soit 2000 fr. par an, non compris le 1/4 réserve qui a été vendu 17000 fr. en 1861, ce qui produit une moyenn annuelle sur 20 ans, de 850 fr.

Total du revenu le plus important: 5406 fran

En ce non compris les produits des prestations, des impôts, amendes, des lois somptuaires, des permis de Chasse et quelques autres sourc diverses de revenus extraordinaires ou accidentels.

Avec ces données, on peut évaluer le Budjet annuel des recettes quant aux dépenses, elles balancent généralement les recettes par période de deux ans, en défalquant le prix du quart en réserve qui sert en son tem à couvrir les dépenses extraordinaires.

Incendies.

Le village de Vernancourt a souffert dans ce siècle, huit incend savoir:

Le 19 juillet 1811, en la rue Saint Martin, 8 ménages ont été incendiés: on parle d'un enfant sauvé des flammes par le dévouemen d'un habitant qui existe encore ainsi que la victime.

Juin 1832. Le moulin à eau.

Mars 1836. Rue de l'Eglise: 5 maisons.

1835. Grande rue.

1834. Rue de l'Eglise.

28 juillet 1839. Grande Rue.

8 Janvier 1840. Grande Rue.

La même maison a été brûlée par le feu communiqué dans ces deux incendies par chacune des maisons voisines.

1844. Impasse de la place de l'Eglise.

Chapitre 4e.

Etat, habitudes, caractère, langage des habitants.

Les habitants de Vernancourt ont toujours été essentiellement cultivateurs; une partie d'entre eux emploient les mois d'hiver à abattre et à façonner le bois dans les coupes voisines en exploitation ou à préparer leur provision de chauffage dans leurs propres plantations qu'ils nomment plants ou haies.

Leur caractère est assez ressemblant à celui des habitants de Charmont, avec un peu moins de rudesse.

Leurs défauts dominants, au dire de leurs anciens curés, étaient autrefois le jurement, la manie d'anticiper sur les terres de leurs voisins; du reste, toujours selon le rapport de leurs curés, assez faciles à administrer, très hospitaliers et fort charitables.

Voici un trait qui les honore; nous l'extrayons des registres de la paroisse:

En 1701, est décédée à Vernancourt une femme paralytique qui a été pendant 24 ans à la charge de la communauté; à la fin, on la nourrissait à tour de rôle, sans que jamais elle eût eu un moment de disette, même dans les chères années, surtout en 1693, où le blé valait 7 livres le boisseau, mesure de Châlons rade.

En somme, qu'y a-t-il de changé dans leurs qualités et leurs défauts? Enfant du pays, je suis porté à les juger favorablement; depuis qu'une assez grande aisance règne chez eux, le luxe n'y a pas fait beaucoup de progrès, mais le confortable y est fort recherché.

Leur langage est celui qui se rapproche le plus de celui

de Charmont, d'une part, et de celui de Possesse, de l'autre, sauf l'accent de la prononciation qui est plus bref.

C'est une transition entre le patois champenois et le patois lorrain qui fait la base de l'idiome des villages immédiatement voisins du côté de l'est.

Il y a lieu de remarquer que les idiomes particuliers à chaque localité tiennent par une nuance assez perceptible à ceux des villages immédiatement voisins de côté et d'autre, et en remontant les anneaux de la chaîne comme en la descendant, on arrive au langage plus correct des villes et à la prononciation particulière à chacune d'elles sans transition apparente.

Il ne nous appartient pas de faire l'histoire de la langue française et de ses variations; nous dirons seulement que les langues mères furent le latin, le celtique et le saxon qui formèrent la langue Romane d'où est sortie à travers les siècles la belle langue française telle que nous la lisons dans les auteurs des 17e et 18e siècles et que les nombreux dialectes appelés patois sont des rameaux du même tronc qui n'ont pas grandi dans la même proportion.

« Cette langue française si pure dans les dictionnaires et les traités grammaticaux, dit M. Tarbé dans ses recherches sur le langage champenois, n'est dans la vie commune, qu'un mélange d'éléments hétérogènes; dans chaque province, dans chaque canton, elle revêt une nuance spéciale, se prête à des inflexions de voix, à des prononciations diverses; elle fraternise avec des mots particuliers. »

Nous ajouterons que ce patois, *Patrius Sermo*, Langage de la patrie, plutôt que *Patavinitas Padouan* a conservé entiers ou tronqués, et le plus souvent corrompus, des mots autrefois en usage dans la langue mère, qui bien examinés portent toujours la trace du Roman; on y trouve aussi les traces du séjour ou du passage de diverses races; l'onomatopée y a aussi marqué son cachet.

L'étude du patois a révélé des faits historiques très-importants tels que les invasions étrangères, la démarcation des grands fiefs et des arrière-fiefs.

Les invasions multiplièrent les langues en les mélangeant; la féodalité perpétua la multiplicité des dialectes; la limite des fiefs séparait aussi bien les langues que les juridictions. et chaque cour princière ou seigneuriale donnait le type des langages comme celui du costume.

Quand la France cessa d'être morcelée, il resta dans l'usage de chaque province et de chaque pays, en dehors de la langue officielle, obligatoire dans les actes et rapports, un mélange de français avec l'idiome particulier à chaque pays.

« Les patois, dit M. Prudhomme correcteur à l'imprimerie impériale, contiennent des richesses infinies pour l'étymologie, le passage des peuples et des races.

« M. de Maistre dit que ce sont des ruines encore vierges.

« Avant qu'il n'ait disparu entièrement, il serait important, ajoute M. Prudhomme d'en rechercher les richesses pour enrichir la langue de beaucoup d'expressions pittoresques qui remplaceraient avantageusement nos lourdes périphrases et pour fixer l'étymologie d'un grand nombre de mots qui ont perdu leur physionomie native. »

Pour nous, si nous devons nous applaudir pour la marche

de la civilisation, que le patois champenois comme celui de diverses provinces tende à disparaître chaque jour pour faire place à un français plus ou moins pur, nous devons aussi bien un souvenir à ce naïf langage que nos pères ont parlé et que nous-même dans notre enfance, nous prononcions avec bonheur.

Il serait hors de propos ici, à cause du cadre de cêt ouvrage, de rechercher ses règles, ses allures, sa formation et le degré de parenté ou de ressémblance qu'on peut trouver entre les mots qui paraissent les plus bizarres et le Français actuel.

Ce langage qui n'a pas eu de grammairiens a eu dans plusieurs localités ses poëtes.

Le patois de Possesse qui est à peu près celui de Vernancourt, a fourni à M. Leroy, employé d'un ministère, sous Louis XVI, un poëme héroï-comique intitulé: *La Poussessiade, ou la pringe du Poussesse pa les Lourrainyes*; et une satire intitulée: *Lu temps passcye.*

La première pièce, quoiqu'elle ait eu après la mort de l'auteur les honneurs de l'impression sous un titre qui n'est pas le sien et en défigurant une grande quantité d'expressions, est devenue très-rare; la seconde n'est plus connue que par quelques copies manuscrites.

Nous allons seulement donner ici quelques bouts-rimés qui serviront, sans autre mérite, de spécimen au langage du village dont nous écrivons l'histoire; la difficulté de l'écrire est assez grande à cause des effets de prononciation et des élisions qui s'y rencontrent à chaque pas.

A vus parley patois, ju sous bien Entemeye
Et çu n'ost-me hontaoüe à min du v'leu rimeye
Ime lingue sans nom qu'on parle dans les bous;
A rire du mes vers, vus v'là partis tourtous!
Ju demande pour z'aoü in pau du complaisance,
Sans v'leur abusier du voute patience.
Ju nu tins qu'ă v'appanre en queïques mots comment
On parle à Virnancourt; et ju sura content.
Au lieu du célèbreye en poëme héroïque
Mou pays qui n'i rin d'asseye poétique,
Si solement ma prose i grâce duvant vous,
J'arra rempli mon but, et çu suri tourtout;
Ca, j'a bé faire! jaumais, du mon village
Lu nom nu passeri du daw leuÿs soufinage!
Pardon, si ju sous cause, aveu mon barrgouin,
Qu'u vous oroilles vont vus sonneÿ lu tintouin.

Traduction.

Je suis bien embarrassé de vous parler patois, et il n'est pas honteux à moi de vouloir rimer une langue sans nom qu'on parle dans les bois; vous voilà tous à rire de mes vers. Je demande pour eux un peu de complaisance, sans abuser de votre patience. Je n'ai d'autre but que de vous apprendre en quelques mots comment on parle à Vernancourt, et je serai content.

Au lieu de célébrer en poëme héroïque mon pays qui n'a rien de poétique, si seulement ma prose a grâce devant vous, j'aurai rempli mon but et ce sera tout, car j'ai beau faire, jamais le nom de mon village ne dépassera de deux lieues son fenage.

Pardonnez-moi, si je suis cause avec mon baragouin que les oreilles vont vous tinter.

Chapitre 5e

Evénements historiques. Faits divers.

Les événements qui se rattachent à l'histoire générale dans les temps anciens et modernes, dont nous avons parlé au sujet de Charmont, se rapportent plus ou moins à Vernancourt, à cause du voisinage de ces deux localités.

Nous ne parlerons plus des guerres d'Austrasie, des pillages des routiers; de la guerre de Cent ans, des demêlés avec les ducs de Lorraine et de Bar, du passage de Charles-Quint, des guerres de religion, de la Ligue et de la Fronde, de la guerre de succession et de tous les autres grands événements qui ont marqué leur époque dans le pays; nous n'ajouterons rien au récit que nous en avons fait dans le travail qui précède; nous sommes amenés seulement à dire qu'antérieurement au dix-septième siècle, le village devait être plus considérable; sa position s'étendait sur la rive droite de la Vierre, du château au moulin comme aujourd'hui; mais la rue de Vitry devait se prolonger beaucoup plus loin, soit d'une manière continue, soit par des écarts discontinus.

Une contrée voisine s'appelle *Entre les maisons*, ensuite la Montardière, du nom d'une famille, puis la maison Vannetel de celui d'une autre famille qui, en 1553, devait être assez importante pour que l'un de ses membres Pierre Vannetel eût été choisi pour parrain de la cloche qui existe encore aujourd'hui. La contrée suivante s'appelle le Cimetière.

A l'ouest de cette portion de l'ancien village, il a été découvert récemment des fourneaux encore remplis de tuiles bien cuites et empilées comme on a l'usage de les placer pour les soumettre au feu.

Ce lieu se nomme encore la Tuilerie.

De semblables découvertes ont été faites dans plusieurs endroits du village, notamment en la ruelle de la Gouesse et à l'extrémité de la rue de Saint-Jean.

Ces habitations et ces tuileries ont été évidemment détruites par les guerres de la première moitié du dix-septième siècle.

On trouve au registre de l'Etat civil, à la date de 1644, la copie sans signature et sans adresse, d'une lettre ainsi conçue :

« *Monsieur, je vous donne avis que les ennemis sont à l'approche ; ils passent tous les jours la rivière.* »

Quel que soit l'auteur de cette lettre, c'est de Vernancourt qu'elle fut écrite, et les ennemis dont il est question sont à n'en pas douter des partisans lorrains, suédois ou impériaux.

Dans ce siècle comme dans les précédents, le voisinage de la Lorraine joue un grand rôle sur les événements.

Nous trouvons souvent les Lorrains dans nos contrées, et en 1652, le malheureux duc Charles IV était dans le voisinage, cherchant à ressaisir le duché de Bar ; nous voyons qu'au mois de juin de cette année, il se trouvait à Vanault-les-Dames où deux délégués du conseil de la ville de Bar vinrent lui présenter le vin d'honneur. (Bellot. — Herment. — Histoire de Bar-le-Duc.)

En mai de la même année, le conseil de ville de Vitry

lui avait rendu à Vanault-le-Châtel les mêmes honneurs.(Doc Valentin.-Echevinage de Vitry.)

Des cadavres ont été retrouvés, en 1862, à quelques centimè de la surface du sol dans un pré situé entre la Vierre et le châte à environ cinquante mètres de ce dernier; leurs armes les font reconnaître pour des soldats du dix-septième siècle; la lettre qu précède fait présumer une attaque et une occupation du village en 1644.

Cela conduit à penser que c'est à cette époque que remontent les ruines dont nous venons de parler.

Nous croyons même en voyant la régularité de son plan que le village a été détruit en grande partie et rebâti dans le dix-septième siècle.

A quelle époque le château fut-il détruit?

C'était le manoir des principaux détenteurs de fiefs qui, à Vernancourt, avaient l'engagement de la Mairie royale.

Il était entouré d'un côté par la rivière et de tous les autres côtés par des fossés larges et profonds dont les traces subsistent encore, mais dont une partie tend à disparaître. On y pénétrait par un pont-levis.

Avant 1688, il consistait en deux pavillons, dont une grosse tour et trois plus petites formaient les quatre angles; les communs parmi lesquels on désigne spécialement un colombier plusieurs jardins potagers et fruitiers, une vaste place allant de la rivière au château, contenant les granges et un second colombier; un parterre ou jardin d'agrément appelé le Jardin Thibart, séparé du reste par le chemin de Bettancourt qui longeait les fossés ; ce jardin, aujourd'hui divisé et en partie couvert de maisons porte encore le nom de Parterre.

Quoique la déclaration dont nous avons tiré ces détails n'en fasse pas mention, il est impossible de croire qu'une partie des constructions n'aient pas été détruites ou incendiées dès avant cette époque ; des pierres noircies par le feu ont été retrouvées dans les fossés ; mais il est certain qu'alors le château subsistait encore en partie. Sa disparition entière remonte au commencement du dix-huitième siècle.

Car si ma mémoire et mon appréciation me servent bien, j'ai vu dans mon enfance des bâtiments qu'on appelait encore le château, mais qui ressemblaient plutôt à une vaste maison de culture où devait être ménagé un modeste logement pour le maître quand par hasard il visitait son domaine, et pour l'admodiateur ou plutôt le fermier de ses droits à qui on donnait le nom de concierge.

Ces constructions avaient été élevées sur l'emplacement du château et n'existaient pas assurément en même temps que lui.

Les substructions étaient bien plus importantes que le dessus et n'avaient pas les mêmes dispositions. Ces nouveaux bâtiments ont été enlevés en 1826.

Il est donc probable que les derniers restes du véritable château féodal ont été ruinés dans les dernières années du règne de Louis XIV, et sans doute par le major Growestein qui, on le sait, n'épargna rien autour de lui dans ces contrées. Cette date de 1712 concorde parfaitement avec l'époque où les seigneurs ou leurs familles ont cessé de résider sur leur terre de Vernancourt.

Voilà en somme ce que nous pouvons ajouter en fait d'histoire générale à ce que nous avons dit au chapitre correspondant de Charmont.

Il faut citer seulement quelques faits particuliers pour ne point se répéter.

Nous parlerons des seigneurs de ce lieu dans un chapitre séparé.

Quant aux officiers municipaux ou judiciaires avant la révolution, la perte des archives que nous avons déjà déplorée ne nous permet pas d'en donner la liste.

Nous dirons seulement d'après les titres particuliers qui nous ont été communiqués que les principales fonctions se trouvent successivement ou simultanément remplies par les Lecoq, les Pélican, les Hennequin, trois familles des plus anciennes que nous connaissions, et presque toujours alliées; par les Ouriet venus de Contaut vers la fin du dix-septième siècle; les Lemineur venus de Charmont quelque temps avant la révolution, Dralez, Duché de la Motte, etc.

Avant 1698, le cimetière actuel formait la place de l'Eglise, au milieu de laquelle se trouvait un tilleul colossal abattu en 1838; à cette époque, il mesurait dix mètres de circonférence à la base et sept mètres à la naissance des branches.

Ce tilleul rentre dans la catégorie des arbres dits de Sully plantés par ordonnance de ce ministre. C'est là que se rendait la justice seigneuriale et royale ; c'est aussi sous son ombrage que nos aïeux célébraient leurs noces et leurs fêtes.

Avant sa chute, malgré la lugubre destination du lieu qu'il occupait, si l'on n'y dansait plus, on venait encore sous ses vastes branches faire les réunions du Dimanche.

Moi qui jouai si souvent dans mon enfance autour de son vieux tronc tout couvert de signes, d'emblèmes, de noms gravés et quelquefois d'initiales entrelacées, je me prends à regretter ce témoin des joies et des chagrins de nos ancêtres.

L'habitude s'est conservée longtemps et n'est pas encore entièrement disparue, de deviser au soleil sur le cimetière, aussi les murs de l'église sont-ils bariolés de noms de toutes les dates, d'inscriptions les plus diverses, et notamment de notes qui pourraient servir à tracer une mercuriale assez curieuse du prix des denrées, si elles n'étaient superposées et si la pierre et la craie où elles sont gravées ne s'étaient dégradées de manière à en rendre une grande partie illisible.

Nous n'avons pu déchiffrer que celles-ci :

« En 1694, le blé valut 6 livres le boisseau ; signé P. Lecoq.

« En 1817, le blé valut 100 francs et plus le septier.

« En 1821, la moisson était terminée le 6 Août ; le blé « valut 15 francs le septier.

« En 1822, le blé s'est vendu 14 fr. 10 sous le septier.

« En 1828, 20 francs.

« En 1844, 28 francs.

« En 1846, 80 francs.

« En 1847, 80 francs.
« En 1848, 20 francs. »

Les registres de l'état civil sous le nom de Registres de Baptêmes, mariages et inhumations étaient tenus jusqu'à la révolution par les curés. Nous avons dit que ceux de Vernancourt remontent à 1622.

Outre leur destination ordinaire ils contenaient une foule de notes sur les événements mémorables ou singuliers qui se passaient dans la paroisse.

Nous y trouvons qu'en 1692, il plut presque continuellement « ce qui causa la stérilité.

« En 1693, le blé valut 7 livres le boisseau, mesure de « Vitry; la guerre et les impôts d'alors contribuaient à la misère « du peuple.

« En 1694, le froment valut 6 livres le boisseau.

« En 1699, il valut encore 4 livres et il eût été plus cher « s'il n'eût été défendu aux marchands de faire aucun achat « d'aveine et d'orge.

J'ai fait mention au chapitre 17 de Charmont « des « *vols commis en ces temps là par des gens fondiants et* « *gourmands* », des secours donnés par les évêques, les prêtres et les laïcs.

Ce document a été puisé à la même source; je vais encore rapporter textuellement une mention trouvée sur ces registres:

« Deux fripons qui étaient venus dans la paroisse de « Vernancourt, s'en furent avec un autre de leur farine,

« forcer les greniers de Monthiers pendant la nuit. Je puis « assurer que la faim ne les pressait pas encore ; l'un d'eux fut « pris et les deux autres prirent la fuite et fuient encore.

« Arrivé le deux Avril 1699, veille du dimanche des « Rameaux. »

On y lit encore le mode d'élection d'une sage-femme ; il était le même à Charmont.

En 1679, Marie Potot fut élue aux suffrages par l'assemblée des matrones réunies à l'église à l'issue des vêpres, devant Me. Rombard, curé.

Après l'élection, elle prêta serment entre les mains du curé, sur le livre des Evangiles de bien remplir sa mission.

En 1700, le 24 Janvier, la même cérémonie se renouvela pour Jeanne Blaisot, femme de Nicolas Dauphin.

L'une d'entre elles fut révoquée pour la mauvaise conduite de sa fille qui vivait hors mariage avec un boucher dont elle avait eu deux enfants.

N'allons pas jusqu'au scandale, car on trouve quelques faits exprimés avec trop de liberté de paroles pour notre temps.

Nous citerons encore deux cas de longévité :

Charles Sery est mort en 1733, à l'âge de 104 ans.

En 1745, Marie Bourgeois est décédée à 99 ans accomplis.

Il n'est pas rare de rencontrer des octogénaires et même des nonagénaires dans ce pays ; il existe encore plusieurs femmes qui ont dépassé 91 ans.

Nous quitterons les registres de l'Etat civil pour

parler d'un mémoire présenté par ministère de procureur à Mr. l'intendant général de Champagne par un sieur Ouriet, salpêtrier, et préposé aux droits de gabelle, pour réclamer contre l'enrôlement forcé de son fils dans le régiment d'un officier dont la famille habitait les environs. L'officier ne pouvant par ses offres et ses promesses obtenir la signature du jeune homme, le battit de sa cravache, dit la supplique, et n'en réalisa pas moins son engagement en mentionnant que le jeune homme ne savait écrire ni signer; heureusement, il fut constaté que c'était lui qui tenait pour son père les registres du fisc.

Une lettre du général commandant la place de Châlons apprend qu'il fut fait justice de cet abus de pouvoir.

C'est ainsi qu'on entendait souvent les enrôlements volontaires.

En 1748, il n'existait pas de cabaret à Vernancourt.

On remarque divers usages, coutumes ou préjugés qui se retrouvent aussi en partie à Charmont et dans les pays voisins.

Le vendredi et le nombre treize sont néfastes.

Au baptême d'un enfant, la sage-femme fait à la mère un discours dont la formule est invariable depuis bien des siècles comme les souhaits de bonne année, et qui finit par cette phrase: « J'emporte votre fils payen, je vous le rapporterai chrétien. »

Aux mariages, la nouvelle épouse donne aux jeunes gens du village une paire de gants renfermant quelques pièces de monnaie ; à l'issue du dîner de noces auquel ils prennent part, ils se disputent ce présent devant les assistants, soit à la course des chevaux, soit au saut des aiguillettes ainsi appelé à cause de la coutume par le vainqueur, d'offrir à chacun un petit bout de ruban d'un paquet qui se trouve dans les gants.

Autrefois, on dansait le pâté de l'épousée.

Les mariages donnent aussi lieu à quelques usages peu édifiants qui tendent à disparaître.

Lorsqu'il meurt quelqu'un dans une maison, on se hâte de jeter l'eau contenue dans le seau d'évier et de changer l'essuie-mains pendu derrière la porte ; on dit qu'en quittant le corps, l'âme du défunt s'est baignée dans cette eau et s'est essuyée avec ce linge.

On brûle ensuite une poignée de paille tirée de la paillasse du lit de mort.

Ces usages d'origine hygiénique ont pris un caractère religieux et même superstitieux.

Il est encore d'usage à la mort d'un propriétaire d'abeilles de couvrir chaque ruche d'un crêpe noir ; on croit que l'omission de ce signe de deuil causerait dans l'année, la mort de toutes les abeilles.

C'est surtout en fait de météorologie que l'on trouve des préjugés nombreux encore enracinés ; nous n'en citerons qu'un petit nombre :

Les trois jours des Rogations sont le baromètre et le thermomètre annonçant chacun la température de l'une des trois récoltes, la fenaison, la moisson et la vendange.

La pluie survenant le jour de Saint Médard doit durer quarante jours; aussi, on cite une formule de malédiction contre ce saint, que nous ne pouvons décemment rapporter ici.

Nous connaissons encore un grand nombre d'usages locaux ou de superstitions curieuses, mais leur énumération deviendrait fastidieuse à moins de s'étendre longuement sur leur origine et leur signification; les limites de notre cadre ne nous permettent point un tel développement, et d'ailleurs, ces usages et ces superstitions ne sont point particuliers aux localités dont nous écrivons l'histoire.

Chapitre 6e

Droits des Communautés religieuses.

N 1. L'abbaye de Trois-Fontaines.

Nous avons dit que la première date connue de titres faisant mention de Vernancourt était de 1147.

C'est celle d'une bulle d'Eugène III reconnaissant les droits et possessions de l'abbaye de Trois-Fontaines consistant en pâturages sur cette paroisse.

A quoi il faut ajouter une portion de bois et des Dîmes données à cette abbaye devant Gérard, évêque de Châlons, en 1210.

En 1217, Albert de Jansre, reconnaissait une donation du droit de pâture pour toutes sortes de bestiaux.

En 1226, Pierre de Marcey lui vend des droits sur le même lieu.

N 2. L'abbaye de la Chalade.

Cette abbaye possédait à Vernancourt dans une époque peu reculée mais dont nous n'avons pu retrouver la date, des pâturages dans une contrée qui porte encore le nom de Paquis de la Chalade, mais appartient à la commune depuis plus de deux siècles, si l'on s'en rapporte aux mentions contenues dans la déclaration de 1678.

N 3. La Neuville-au-Temple.

Les religieux de la Neuville possédaient en ce pays une ferme dépendant du Domaine de Beslon de Charmont, auquel elle était contigue; ce lieu porte encore le nom de Bois, champs et pré du Temple.

Il leur appartenait encore une ferme appelée Braux, sur ce territoire, suivant une charte de 1223;

Une autre charte de la même date donnée par Anceau de Garlande leur livre en échange de leurs droits sur Souhel, cent arpents de bois sis entre Braux et Moru vers Vernancourt; il est probable que cette ferme a postérieurement pris le nom de Brousses, nom qu'on ne trouve point antérieurement à 1550. Son voisinage du territoire d'Heiltz-le-Maurupt ne saurait que confirmer cette opinion.

En 1242, Anceau de Garlande cède aux Templiers les Terrages des Communailles et le bois Abelin sur Vernancourt. (Lesqueminailles et Mauvaran).

En 1248, bulle d'Innocent III reconnaissant les biens de Vernancourt en ces termes: *unam domum in loco qui dicitur Varnon.*

En 1277, Anceau de Garlande et sa femme approuvent la donation faite par Herbert Chapet d'un serf appelé Pierre de Vernancourt et de moitié de sa famille.

Tels sont, avec quelques dîmes, les droits que possédait sur ce village, l'abbaye de la Neuville-au-Temple à cause de sa commanderie de Maucourt et de sa maladrerie de Possesse.

N° 4. L'abbaye de Monthiers.

Malgré son voisinage, l'abbaye de Monthiers avait très-peu de propriétés sur Vernancourt.

En 1164, Odo Piper, son fils et sa femme, excluent de

la donation faite par eux à l'abbaye les biens qu'ils possèdent sur Vernancourt.

En 1221, Gilon, fils de Crocard, de Varnoncourt, à la suite d'un procès avec l'archidiacre de Châlons, cède à l'abbaye, avec le bois d'Attonchanois, de Possesse, (le Chesnay) quelques biens sur Vernancourt.

En 1299, elle possédait encore le bois Menessier appelé dans les derniers temps par altération le bois Monsieur.

N 5. Le chapitre de St Etienne de Châlons.

Il recueillait de nombreuses dîmes et redevances sur la paroisse de Vernancourt.

Cette cure était sous son patronage à la nomination du théologal. Le pouillé du Diocèse de Châlons en porte, en 1648, le revenu à 400 livres; Pierre Garnier dans son ouvrage sur Châlons cite Vernancourt comme formant avec les Rivières, la 31e prébende canonicale dont le titulaire était vers 1725 Mr Fréminet, Théologal de Châlons, prieur de Vanvey.

Le 31 Mai 1398, aux assises de Vitry, une sentence adjugea au chapitre le tiers de la dîme et les deux autres tiers à Messire Gilbert de la Borne.

On trouve en 1376 un bail fait par eux des dîmes et menus cens de la ville de Vernancourt.

N 6. Le Séminaire de Châlons.

Le Séminaire possédait à Vernancourt une ferme qui lui avait été donnée, en 1718, par Philippe Garnier, fils de Philippe, qui avait abjuré la religion réformée.

N° 7. Les Dames régentes de Vitry.

Elles avaient aussi une ferme beaucoup plus considérable.

L'abbaye de Saint-Paul de Verdun y possédait 18 denrées de terre au champ Loisson.

N° 8. L'Hôtel-Dieu de Châlons.

L'Hôtel-Dieu de Châlons et l'abbé de Vitry y avaient aussi vers 1690 des propriétés qu'ils ne possédaient plus à la Révolution.

Chapitre 7e

Des Seigneurs et propriétaires de fiefs.

La mairie royale de Vernancourt et la terre de Vernancourt étaient deux choses essentiellement distinctes.

La première était un engagement de la couronne et la seconde, jusqu'au 14e siècle, un arrière-fief dépendant des anciens seigneurs de Possesse de fait et de droit, mais de droit et sans redevance jusqu'à la seconde moitié du dix-septième siècle, époque où les déclarations cessent d'en faire mention.

De la terre de Vernancourt, dépendaient, en 1662, les biens compris en une déclaration et dénombrement fournis par Anne de Verrières et Cleriadus de Choisel, rappelant une autre déclaration faite en 1396, par le seigneur de la terre, dont le nom n'est pas indiqué:

« La haute, basse et moyenne justice, à Vernancourt, pour laquelle il y a mayeur, lieutenant, greffier, sergent, notaire, jurés et garde-scel.

« Plusieurs censives et deniers par les détenteurs d'héritages chargés de censives, pouvant monter à 22 livres 5 sols tournois.

« Les censives de chapons et poules montant à 36 chapons et 12 poules.

« Les censives de grains montant pour chacun an, en blé, froment et aveine à 28 Bichets, mesure de Possesse.

« Les lods et ventes à raison de 12 deniers tournois par livre, des venditions des héritages censables.

« Les hommes et femmes de corps, de la condition de ladite seigneurie doivent : chacun homme une fois marié vingt sols tournois et les femmes chacune une poule pour la reconnaissance seulement ; et les hommes qui se marient avec des femmes d'autre condition cinq sols tournois.

« Le fief et la maison seigneuriale ;

« La rivière de Ver, dont il ne se fait aucun profit parce que les habitants y ont droit.

« Item le droit de fournage qui est que chacun bourgeois ou veuve tenant une fois ménage, doit pour chacun an, 2 sols 6 deniers tournois, qui peuvent rapporter l'une et l'autre des années 9 livres tournois.

« Item chacun des bourgeois et veuves ne payant lesdits droits de fournage, pour les accrues dudit finage, doit par chacun an, cinq deniers tournois qui peuvent valoir trente sols.

« Item un moulin à blé et à filer le chanvre qu'ils tiennent de Jean Gastebois.

« Item le fief de la Bride que tiennent les héritiers de M. Aloÿs des Armoises et M. Claude Lalle, seigneur de Vitry-la-Ville, ne produisant que les quints et requints.

« Item le fief de la Chemarge, tenue par les héritiers de Mondelot, à cause de sa femme, et de Révérend Père en Dieu, Georges d'Amboise, archevêque de Lyon, peut valoir en censives, 20 sols tournois et 8 bichets, mesure de Possesse, en blé et aveine.

« Item un autre arrière-fief, appelé le fief du Fresne,

rapportant en argent 33 sols 8 deniers, et en froment, 14 septiers mesure de Possesse.

« Item un autre arrière-fief appelé derrière Rimaucourt, consistant en la Tuilerie de Charmont et 89 arpents de bois arables, donnés à cense à plusieurs, moyennant par chacun arpent et pour chacun an, 6 deniers tournois.

« Item plusieurs autres terres données à divers en Cense perpétuelle en froment.

« Item un arrière-fief, le fief de Jean Briole, qui contient le quart des fours de Charmont et Charmontel.

« Item le fief de maison Vigny où soulait avait une masure.

« Item 25 journels de terre et trois denrées de pré qui me viennent et à mes co-seigneurs faute d'hommage, et dont les profits sont aux seigneurs de Maison Vigny.

« Item, je tiens en plein fief et hommage, du Roi, notre sire, un quart de la seigneurie de Froid-Cul, qui consiste en justice haute, moyenne et basse, en laquelle il y a mayeur, greffier et sergent avec amendes et forfaitures et confiscations; chacun passant par le finage dudit lieu, conduisant quelques marchandises que ce soit, doit quatre deniers de péage et la charrette deux deniers; chacune bête à pied fourchu, même aux vuidanges, quatre deniers; celui qui a bêtes trayantes, demeurant en ladite cense, doit par chacune bête, un septier de froment, et douze deniers en argent par chacun an, le jour de St. Denis; celui qui a bêtes tirantes, demeurant en ladite cense, est cotisable à la rente, ainsi que ceux de Bussy-le-Repos.

« Item une cense consistant en terres champenoises, la plupart desquelles est en friche et les maisons ruinées par les guerres.

D'après une autre déclaration, ces seigneurs possédaient en outre, le fief de la Folie, situé à Charmontel, dont nous avons parlé dans la première partie.

Ils tenaient encore en roture, le moulin, une maison rue de l'Eglise, la cense des Broisses, et de nombreuses propriétés en terres, prés, étangs formant pour partie la grande et la petite cense.

Il nous est difficile de suivre la succession des seigneurs de Vernancourt au milieu d'une foule de noms plus ou moins aristocratiques que nous trouvons sur notre chemin dans le cours de nos recherches.

La famille Garlande avait en son temps, de grands biens à Vernancourt, et nous croyons que les anciens seigneurs de ce lieu étaient parents ou alliés des familles de Possesse; mais, tout prouve qu'ils étaient originaires du Barrois, car on retrouve leurs noms dans toutes les listes de hauts fonctionnaires civils et militaires de ce duché, ce qui n'est point contraire à la première opinion, puisqu'en 1339, on trouve Alix de Possesse, châtelaine de Bar; plus tard, ils s'allient aux familles de Champagne et de Bassigny.

Nous allons citer les noms qui nous sont tombés sous les yeux aux différentes époques.

En 1167, Odo Piper, cité déjà dans une charte de Monthiers, réserve ses biens à Vernancourt.

1217. Albert de Jansre est cité dans une charte de Trois-Fontaines.

1221. Guy de Vernancourt, chevalier, propriétaire des Dîmes de Sommelonne.

On trouve aussi en cette année plusieurs actes d'un Pierre de Vernancourt, dit Crocard, chevalier.

En 1226, Pierre de Narcey, que nous inclinons à regarder comme le même que le précédent, vend à l'abbaye de Trois-Fontaines le droit d'envoyer paître les bêtes sur le finage de Vernancourt, du consentement de Thomas, chevalier, qui tenait une partie de la pâture en fief, l'autre en alleu.

1315. Pierre de Marcey II, membre du Conseil d'Etat du duché de Bar, paraît être allié à la famille de Stainville. Une charte d'Edouard 1er, duc de Bar, le cite comme faisant partie des 62 membres associés pour la fondation de l'Eglise Sts Pierre et Etienne en la ville haute de Bar, (Sancti Petri Ecclesia, in hallâ de Barroduce)

1323. Aubert de Marcey, conseiller d'Etat du Barrois.

1396. Dénombrement et aveu cité sans nom de Seigneur.

1398. Gilbert de la Borne, chevalier de la Scise et Guyot de Brécourt, écuyer, possèdent les deux tiers des Dîmes, suivant une sentence des assises de Vitry rapportée plus haut.

1433. Un sire de Vernancourt et le sire Jean des Armoises dont la famille apparaît aussi dans ce pays sont cités par M. Bellot, dans son histoire de Bar-le-Duc, comme ayant été faits prisonniers avec beaucoup d'autres seigneurs à la tête des partisans champenois par Edouard III, duc de Bar, et enfermés dans la geôle du château de cette ville; tous deux y terminèrent leurs jours; Richard des Armoises, père de Jean, fut maréchal du Barrois, en 1399, de même qu'un de ses descendants Nicolas des Armoises, le fut en 1554.

Son compagnon était Lutasse ou Eustache de Vernancourt seigneur dudit lieu, du château de Mussey et autres lieux.

Eustache, comme Jean des Armoises, se mit en guerre avec René 1er, duc de Lorraine et de Bar, dont il avait été le favori; et le nom de ce seigneur est resté comme un souvenir de terreur dans le pays où se passa la lutte.

Ici viennent se placer, dit M. de Widranges, dans sa statistique du Canton de Revigny, quelques détails sur Eustache de Vernancourt.

Selon quelques-uns, c'était un capitaine de gens d'armes tel qu'on en voyait un grand nombre au moyen-âge, faisant la guerre pour leur compte ou mettant leurs services à la solde des Ducs et princes souverains de ce temps dont tour à tour ils étaient, suivant leur intérêt, amis ou ennemis. Eustache de Vernancourt était un seigneur champenois, néanmoins, il a reçu une certaine célébrité dans le pays comme ayant été l'un des deux capitaines qui après avoir chassé les religieux de Beaulieu ont pillé et brûlé cette maison en 1401, ensuite comme ayant fait la guerre au duc de Bar, entre les mains duquel il tomba; saisi le 30 avril 1429, dans la *forte-maison* de Revigny, où il s'était retranché, il fut amené à Bar et enfermé dans la geôle du château où il mourut misérablement après 84 jours de captivité.

On lit dans le compte de Jean Rouvel, receveur du duché de Bar pour 1422:

« 67 livres, 11 sols, 8 deniers, pour les frais de Utasse de Vernancourt, Escuyer, et ses gardes, depuis le dimanche, tiers jour d'Avril 1429 qu'il fut prins en la forte-maison de Revigny et admené prisonnier en chastel de Bar, et mis en la geôle jusqu'au dernier jour de Juing, en suivant le dict an.

« 18 liv. 5 s. 7 den. 06 ts. pour les frais et dépens dudit Utasse et desdits gardes depuis le dernier jour de Juing 1429, jusqu'au vendredi 28e jour de Juillet exclus, le dict an que ledict Utasse demora seul en ladicte prison sans avoir nulles gardes.

« 46 s. 8 d. pour les frais dudict Eustasse seul étant en ladicte prison sans gardes, depuis le 29e jour de Juillet inclus jusques au 26e jour d'Aoust qui font 28 jours, par lequel temps le receveur l'a soigné de pain, de vin, de char et autres viandes convenables, et en compte un gros pour jour, par accord fait à lui en la chambre.

« 35 sols pour pain baillé pour ledict Eustasse depuis ledict 26e d'Aoust inclus qu'il fut mis à *pain et à eau* jusques au Vendredi 18e Jour de Novembre en suivant exclus que ledict Eustasse alla de vie à trépassement par lequel temps il y a 84 jours dont il compte un gros pour jour par accord fait à lui comme dessus. »

Cet épisode et ces détails sur le supplice d'Eustasse ou Eustache qui mourut littéralement de faim et de misère dans les plus profonds cachots, nous fait connaître les mœurs de ces temps et à quel jeu jouaient ces aventuriers.

En 1450, on trouve un autre Eustache de Vernancourt qui fut sans doute le fils du prisonnier de Réné 1er.

Août 1490. Alix, sa fille, épouse Jean de Savigny et cette terre resta longtemps dans la famille de Savigny.

1553. Jean II de Savigny, seigneur de Laimont, Vernancourt et autres lieux, avait épousé Anne de Stainville, fille de Louis de Stainville, sénéchal du Barrois. Celle-ci fut en cette même année, marraine de la cloche encore existante, et dont Pierre Vannetel fut le parrain.

La famille de Stainville était l'une des plus illustres du Barrois; elle avait des ducs, des comtes et des marquis; elle fournit plusieurs fois des gouverneurs à la ville de Bar. Les Stainville portaient: *d'or, à la croix ancrée de gueules*.

1575. Warry de Savigny, seigneur de Laimont, Chardogne, Naix, Varnoncourt et autres lieux.

Les Savigny portaient: *d'or, au lion de sable, à fasce barbue*.

1624. Henri des Salles; c'est de lui qu'a voulu parler M. Bellot, dans son histoire de Bar-le-Duc déjà citée, en énumérant, dans une supplique au roi de France, les sévices que ses troupes faisaient éprouver à la ville et au duché de Bar, au retour du siége de Lamotte en Bassigny: « Le régiment de M. de Vernancourt, arrivé le 22 Août 1635, y tient garnison et est nourri par les habitants. »

Ses enfants sont Emerantiane des Salles, qui épouse à Vernancourt, en 1651, Messire François du Fresne, Marie Dessalles, mariée à Messire Pierre Delarable, seigneur de

Ludes. Ce dernier fut enterré en 1650, dans l'église de Vernancourt; et Christophe des Salles.

Henry des Salles était tuteur de ses trois nièces Louise, Barbe et Marguerite de Beauvier qui étaient souvent marraines des enfants nouveau-nés à Vernancourt où elles firent bénir leur mémoire.

Le dénombrement de 1662, rapporté plus haut, nous apprend que le fief appartenant à Mme Anne de Verrières, femme de Clériadus de Choisel, qui le tenait de Louise d'Avrault, sa mère, femme de Nicolas de Verrières, et que le fief était tenu d'eux, en arrière-fief par Christophe des Salles.

En 1659, on voit Claude de Bar, écuyer, Conseiller du Roi en ses finances, seigneur de Vanault-le-Châtel, présentant au roi le fief de la terre de Vernancourt, à cause de son château de Ste Ménehould; il y avait donc des co-seigneurs mais la famille des Salles habitait le château et l'autre n'a point laissé de trace de son séjour dans la paroisse.

Du reste, pour détruire toute contradiction qui pourrait entrer dans l'esprit de quelques lecteurs et qui pour nous n'a été qu'apparente, quiconque lirait la série des fiefs de cette partie de la Champagne, trouverait un degré de parenté ou d'alliance entre la plupart de leurs détenteurs, et verrait souvent le nom de la paroisse accolé au nom d'un fief qui, n'étant qu'une faible partie de son territoire, est possédé par un gentilhomme voisin avec hommage à telle ou telle autre famille, ce qui n'implique pas cet hommage ou vasselage au même degré pour tous les fiefs d'un même village ou d'une même famille.

Quel était l'engagiste de la mairie royale ?

La famille des Salles, originaire du Béarn, se rattache à la famille de Savigny et à celles qui vont suivre ; la mairie royale lui appartenait à titre d'engagement, et pour les différents fiefs qui composaient la terre de Vernancourt, les uns lui appartenaient directement du roi, et les autres à titre d'arrière-fief dont ils devaient hommage, de même qu'ils en recevaient pour semblable cause par la raison que de nombreuses alliances s'étaient opérées dans la contrée. La famille des Salles portait : *d'azur à la tour donjonnée de sable*.

En 1662, Messire Pierre Boucault Duvernay, chevalier, ambassadeur du Roi, auprès du prince de Transylvanie, devient Seigneur de Vernancourt, la Folie, en partie de Maison Vigny et autres lieux, par son mariage avec Anne Baugier, fille d'un conseiller du Roi, à Châlons portant pour blason *d'azur au chevron d'or brisé, accompagné de trois étoiles de même, et surmonté d'une croix de Lorraine aussi d'or* ; c'était la nièce de M. des Salles.

Leur fils, François Boucault Duvernay, mourut à Vernancourt, dans l'enfance, et fut enterré en l'église dans la chapelle des Seigneurs le 12 Octobre 1678.

Mme Duvernay mourut à Vernancourt le 8 mars 1685, et fut enterrée à côté de son fils, de même que Monsieur Duvernay qui malgré son décès à Châlons, fut rapporté pour être inhumé à Vernancourt le 12 7bre 1688. Il avait alors 70 ans.

Melle Anne Guillemine Boucault Duvernay, leur fille, et Melles Louise et Marie Godet de Grandmaison, leurs nièces, avaient suivi les exemples de M^elles^ de Bauvier, dans la paroisse.

On n'entend plus parler d'elles après le décès de M. Duvernay; la mort étendit sans doute aussi son bras sur elles, comme elle paraît l'avoir fait déjà sur la famille des Salles.

En 1688, vient par succession, Messire Michel de Dommartin, Conseiller du Roi au présidial de Châlons: « d'azur aux trois marteaux d'armes d'or. »

Son épouse, Françoise Maillet, née à Troyes « de l'ancienne famille des Maillet » selon l'expression du registre des inhumations, mourut à Vernancourt, le 13 Octobre 1702. Son corps fut transporté à Châlons, pour être enseveli dans la paroisse de Notre-Dame; son cœur fut inhumé à Vernancourt, dans la chapelle Ste Anne, aujourd'hui St Eloy.

Elle a fait du bien à l'église de Vernancourt, sans oublier les pauvres de la paroisse.

Le 23 Octobre 1704, M. de Dommartin « pour satisfaire à la piété et au désir de son épouse », donne à l'Eglise de Vernancourt, une chasuble, un devant d'autel de satin blanc relevé de fleurs en tapisserie, une bourse pour enfermer les corporaux et un voile de calice; il avait déjà précédemment donné une niche pour exposer le Saint-Sacrement, et deux coussins de tapisserie à points; « et pour participer aux prières qui seront dites en ladite église, M. le Curé est prié à son décès ou mutation d'instruire son successeur de ce que dessus »

Après la mort de M. Boucault-Duvernay, M. Charles

Magot, seul seigneur de Rembercourt, devint admodiateur et concierge, c'est-à-dire fermier du château et des domaines de Vernancourt, et plus tard procureur fiscal à Vanault-les-Dame

Il eut d'Anne Leclerc, son épouse, un grand nombre d'enfants, dont plusieurs avaient pour parrains M. de Maupas avocat au parlement de Châlons et Dlle Jeanne Maupas, sa fille.

Mme Magot mourut en 1700, en la terre de Vernancourt et fut inhumée devant le parvis de l'église.

L'une de ses filles, Françoise Magot, mourut à l'âge de 24 ans, à Vanault-les-Dames, et fut enterrée près de sa mère.

M. Magot fut aussi enterré à Vernancourt, le 19 Novembre 1709.

On peut encore citer parmi leurs descendants, outre deux filles qui s'allièrent à deux familles considérables de la contrée :

1742. Jean Magot, lieutenant de la prévôté de Bar,

1768. Pierre Henry Magot, écuyer, receveur des finances,

Et Jean Bernard Magot, procureur du Roi, au Baillage de Bar.

Ces deux derniers firent partie, en 1768, d'une association entre deux chanoines de St Maxe, et plusieurs autres personnes notables, qui eut pour but de fonder dans les bâtiments de l'Ecuyerie du château de Bar, une école Royale gratuite et une manufacture de dentelles, et de toiles de coton, de fil et de laine, où l'on donna du travail aux pauvres, et à leurs enfants de l'instruction ; cet établissement fut l'origine du principal commerce de Bar-le-Duc ; on rencontre dans la composition du district de Bar-le-Duc, en l'an 11, le nom de Magot-Varnancourt qui se retrouve fréquemment dans les listes des diverses administrations de la ville jusqu'en 1816.

Après la mort de M. de Dommartin, la terre de Vernancourt avec ses dépendances revient à M. Lemoyne de Villarsy, président à mortier, au parlement de Paris, dont la noblesse remontait à 1490.

Après lui, en 1715, la terre était divisée entre la Dame Douairière, Dieudonnée du Plessy-Mornay, veuve de M. Henry Lemoyne de S.t Pierre, chevalier de S.t Louis, Lieutenant-colonel au régiment de Cavalerie Barentin, et M. Charles Lemoyne, de Corbeil, demeurant à Châlons.

Celui-ci racheta le douaire de sa belle-sœur, par l'abandon d'une ferme à Vernancourt, que celle-ci vendit à un sieur Bouard, de Châlons.

En 1727, on trouve M. Charles Etienne Lemoyne, lieutenant-général au baillage de Châlons sur lequel fut pratiquée, en 1735, une saisie féodale, faute d'avoir fourni au roi son dénombrement.

En 1747, M.lle Lemoyne, sa fille, acquiert la moitié du fief de la Folie qui était passé par succession à Messire Joseph Adrien Poirresson, marquis de Chamarande, et Catherine Barbin de Broyes, son épouse, et de Messire Gédéon Lepetit de Lavaux, et dame Charlotte Jeanne Poirresson de Chamarande, son épouse ; et devient propriétaire de la portion, dans la terre de Vernancourt appartenant à sa sœur Marie Anne Lemoyne qui s'était faite religieuse.

La famille Lemoyne, et les Poiresson leurs alliés, avaient hérité cette terre, du chef de Mme de Dommartin. Elle avait pour blason : *d'argent à la bande de gueules, accompagné de trois mouchetures d'hermine, et en pointe, un fer de moulin accosté de trois épis de blé au naturel*; les Poiresson portaient : *d'azur à trois pals d'or.*

On trouve dans cette famille Pierre Lemoyne, jésuite, né à Chaumont, en 1602, mort à Paris, en 1672, qui composa le poëme de *La Louisiade*, ou la mort de St Louis, une ode à Louis XIII et quelques poésies estimées.

Enfin, le dernier seigneur dont le nom figure avant la révolution par son alliance avec Melle Lemoyne est M. Gaston de Mandat, Baron de Nully, chevalier de St Louis, Grand Bailly de la Ville et Baillage de Chaumont en Bassigny.

Son père était officier aux gardes françaises ; son aïeul fut aussi homme d'épée ; sa famille, originaire du Limousin, fut anoblie dans l'armée en 1515 ; le titre de Baron de Nully fut ajouté au nom de Gaillot-Mandat au 18e siècle ; cette famille dut cette distinction à l'un de ses ancêtres, Jacques Gaillot, sénéchal d'Armagnac, auquel fut due pour la meilleure part la victoire de Marignan.

Ni M. le Baron de Nully, ni la famille Lemoyne n'ont habité Vernancourt dont le château avait été détruit et remplacé par les bâtiments dont nous avons parlé ; cependant plusieurs vieillards, dont deux sont encore vivants, m'ont assuré l'avoir vu dans leur jeunesse ; je ne sais s'il inspirait le respect, mais, selon eux, il le commandait. Peut-être leur appréciation se ressent-elle de l'époque révolutionnaire qu'ils ont traversée.

La seigneurie de Vernancourt se trouvait alors démembrée par héritage ou par aliénation, et depuis un siècle, avait perdu quelques-uns de ses fiefs ou de ses biens d'alleu ; mais à la révolution, elle possédait encore de grands biens, comme nous le verrons, dans le chapitre dixième.

Parmi les anciens propriétaires de biens à Vernancourt, on cite entre autres de 1638 à 1670.

M. de Falquières,

M. Baudos de Bussy, baron de Frécul,

M. Baudos de Maison Vigny,

M. Baudos de Possesse,

M. d'Auger,

M. de Togny,

M. Guérin de la Motte, Procureur du roi, aux eaux et forêts, à Vitry,

M. de la Borde,

M. Jacobé, Président à la cour des Grands-Jours de Lorraine, à Commercy,

M. de Salligny, avocat,

M. Jourdain, Conseiller du Roi,

M. Jean Duvet, avocat, à Vitry, et sa

famille.

M. de la Pommeraie.

Et un assez grand nombre de noms cités dans l'Armorial de la Champagne.

Chapitre 8e

De l'Eglise et de l'administration paroissiale.

L'église de Vernancourt est sous le vocable de Saint Martin de Tours : elle est bâtie en pierre de taille et en craie.

On ne peut faire remonter les constructions premières avant la fin du quatorzième siècle.

Toutes les baies des fenêtres sont du genre ogival flamboyant et dépourvues de meneaux.

Les nervures des voûtes qui viennent se fondre dans quatre autres piliers, ainsi qu'une piscine qui se trouve près du maître-autel et qui se termine en anse de panier marquent le quinzième siècle. Deux autres colonnes rondes sont couronnées de chapiteaux à mascarons qui paraissent être de la première moitié du seizième siècle.

Le fronton circulaire qui couronne un des contre-forts et les trois autels dont les retables sont d'ordre corinthien appartiennent à la Renaissance. (16e siècle)

On voit au mur du collatéral droit les traces d'une porte en plein cintre, et dans le même mur sont engagées des colonnettes dont les chapiteaux portent pour ornements des formes d'animaux bizarres parmi lesquels on distingue la salamandre. On pense que cette partie aurait été construite au 16e siècle.

Quant au côté gauche et au portail dont la baie est cintrée, ils ont dû être retenus en partie au siècle dernier.

Il y a lieu d'observer, suivant l'opinion de personnes compétentes, que les caractères des différents genres d'architecture dans les églises des campagnes ont été appliqués à une époque plus reculée que dans les grands édifices religieux; aussi les caractères distinctifs des diverses époques doivent-ils annoncer un retard d'au moins un demi-siècle.

L'église se compose d'un chevet ou abside carrée où est adossé le maître-autel, de la grande nef et de deux collatéraux.

La grande nef est voûtée en ogive de la dernière époque, ainsi que l'abside et les deux chapelles collatérales, les deux collatéraux ne sont couverts que d'un plancher, de sorte que les voûtes forment la croix latine.

A la naissance du chevet sont figurées des colonnes engagées qui donnent naissance aux voûtes comme les piliers qui séparent le transept; ceux-ci forment chacun un faisceau de cinq colonnes, dont quatre angulaires autour du pilier principal.

Les deux piliers suivants sont ronds et couronnés d'un chapiteau avant la naissance des voûtes; les deux demi-colonnes de l'extrémité adossées au portail, donnent comme les premières, naissance aux voûtes.

Le mur collatéral droit a quatre demi-colonnes correspondant aux travées de la nef, avec chapiteaux formés comme nous l'avons dit de salamandres, celles du mur du côté droit sont insignifiantes et sans aucun style.

Il existe trois croisées ogivales de chaque côté. deux à l'abside, et les traces d'une plus grande au chevet, masquée par le retable du grand autel et murée.

Les trois autels portent de beaux retables, avec colonnes d'ordre corinthien, mais dont la restauration faite au commencement de ce siècle laisse à désirer.

La chaire et les fonts baptismaux nouvellement renouvelés sont assez en rapport avec le style général de l'édifice.

A l'extérieur, on voit un portail sans style, six contre-forts dont cinq de forme ogivale et un seul à fronton circulaire.

Le clocher reconstruit en 1828 se compose d'un beffroi carré et d'une flèche carrée sans élévation.

Cette petite église quoique peu riche en architecture est assez jolie et fort bien entretenue à l'intérieur. Un procès-verbal de Monseigneur de Saulx Tavannes, évêque de Châlons, en 1727, s'exprime ainsi: « Cette église est déjà bien aisée ; elle sera fort jolie quand elle sera réparée. »

En 1697, le curé réclama à l'Evêque un badigeon pour recouvrir les restes des anciennes peintures qu'il trouvait « *très-malpropres* », il existe donc d'anciens ornements peints sous la chaux ; pour s'en tenir au goût du curé, nous devons penser qu'ils étaient fort dégradés, et que les diverses restaurations des murs n'avaient dû laisser que des figures incomplètes et tronquées.

L'église possède une cloche du poids d'environ 35 kilogrammes portant le millésime de 1553, et nous avons dit qu'elle eut pour parrain Pierre Vaumetel et pour marrai Anne de Stainville.

En 1748, on signale une seconde cloche qui était peut-être de l'âge de sa sœur; mais elle était fêlée et l'Evêque, monseigneur de Choiseul Beaupré en ordonna la refonte.

Cet ordre fut-il exécuté, ou bien n'était-ce que le métal d'une cloche brisée qui fut enlevé à la révolution? C'est ce que les vieillards n'ont pu nous apprendre.

Nous avons dit que le cimetière qui entoure l'Eglise ne date que de 1698, cette date est constatée par l'acte d'inhumation d'un enfant à l'entrée de l'Eglise « à cause « de l'inachèvement des travaux d'établissement du nouveau « cimetière »; l'ancien était très-éloigné de l'Eglise, ainsi que nous l'avons rapporté, et la portion de contrée où il existait porte encore ce nom.

Nous avons pu signaler dans les dix-septième et dix-huitième siècles un assez grand nombre d'inhumation dans l'église sans pouvoir remonter plus haut: des membres des familles seigneuriales occupent le devant de l'autel collatéral gauche dit autrefois chapelle Ste Anne ou des seigneurs; plusieurs curés sont enterrés soit devant le grand autel, soit devant l'autel collatéral, à droite, dit de *Notre-Dame de Pitié*; il en existe aussi sous les fonts baptismaux et sous le parvis.

En ce qui concerne la sépulture dans les églises, le canon Præcipiendum permettait d'enterrer les laïcs dans la nef et les bas-côtés; il n'appartenait qu'au curé et au seigneur haut justicier, d'être enterré dans le chœur.

Le droit au 16e siècle était de 25 sols dans la nef et 50 sols dans le chœur, ce qui alors équivalait à 15 fr. et 30 fr. d'aujourd'hui.

La fabrique de l'église possédait une petite ferme composée de deux fauchées et demi de pré, 16 denrées de terre et 7 autres denrées de pré; cette ferme était louée 40 ou 45 livres tournois sur quoi il y avait à prélever quatre obits de fondation de trois livres chacun pour le curé et vingt sols pour le Recteur.

Le Presbytère était considéré comme assez propre; il avait d'assez vastes constructions avec beau jardin potager et fruitier donnant sur la rivière et un petit parterre au-devant; plusieurs terres et prés étaient annexés au bénéfice; on nomme encore le pré de M. le Curé et le champ de la messe.

Outre quelques obits et messes basses signalées en 1697, d'autres fondations furent établies en 1715 par François Lecoq, dit Lemoine, et en 1743, par Nicolas Hennequin, officier de la Connétablie de France, à Paris.

Plus tard, Jean Baptiste Bonnaire et Marie Anne Ouriet, sa femme, cèdent à la fabrique 6 denrées ½ de pré à Giraunaux, et deux denrées et demie aux petites Naux.

Claude Ouriet et Marie Pélican, sa femme, abandonnent également 3 denrées et demie de pré aux Lignes et 2 denrées et demie aux Vaudelles; le tout en vertu d'une fondation faite en 1758 par Jean Bouard, leur grand-oncle, pour la célébration à perpétuité, d'un service et d'un salut avec bénédiction du Saint-Sacrement pour le repos de l'âme du fondateur.

Le patron du Bénéfice était le chapitre de Saint-Etienne de Châlons; le titulaire de la cure dont le revenu était de 400 livres était à la nomination du Théologal de ce chapitre et formait la 31e portion canonicale.

Voici la liste des curés dont le nom nous est connu depuis 1622:

Nicolas Raulin, de 1622 à 1642; Claude Raulin, son père ou son frère est enterré sous les fonts baptismaux.

Claude Bazin, de 1642 à 1671, s'intitule: Promoteur au Doyenné de Possesse.

Claude Braslez en 1672, décédé en 1691, à l'âge de près de 80 ans; son corps repose devant l'image de Jésus-Christ en cette église. Il fut enterré par Me Maillot, curé de Nettancourt, doyen de la chrétienté de Possesse, en présence de Pierre Hardouin, curé de Possesse, Joseph Dommanget, curé de St Mard, François Fauconnier, curé d'Alliancelles, Jean Lefèvre, Curé de Charmont, Pierre Bombille, curé de Bussy-le-Repos, Leboeuf, curé de Contault, Migerin, curé de Villers-le-Sec.

Jean Regnauld, de 1691 à 1692. Il s'intitule, par modestie, *Prêtre indigne*. Soit que sa santé ne lui permît pas de remplir son ministère, soit pour toute autre cause, il signait les registres de l'Etat civil, mais la paroisse était desservie par Dom Jean Cogniard, dominicain de la maison de Verdun.

Pierre Rombart, du 1er juin 1692 au 30 janvier 1712; il avait été dix-sept ans vicaire de La Neuville-au-Pont, dont son oncle était curé.

En 1694, Mgr Gaston de Noailles, évêque de Châlons, vint faire sa visite pastorale dans cette paroisse; le curé n'eut pas lieu de s'en louer, car le procès-verbal de visite l'indique comme ignorant et peu estimé de ses paroissiens et sans exactitude à remplir ses devoirs.

Le curé de son côté se plaint de diverses coutumes scandaleuses, comme la danse de l'Epousée et autres pratiques peu édifiantes de la part des jeunes gens.

La paroisse contenait alors quarante ménages; il y eut cent communiants.

Pierre Rombart, après vingt ans de séjour dans cette paroisse, mourut à l'âge de 62 ans, son corps fut enterré dans le cimetière par Me Aubry, curé de Vanault-les-Dames, doyen de la chrétienté de Possesse, assisté de Pierre Hardouin, curé de Vanault-le-Châtel, et Jean Lhôte, curé de Bussy-le-Repos.

Jean Lhôte, ci-dessus nommé passe à Vernancourt où il resta de 1712 à 1748.

Il eut, en 1727, la visite de son évêque, monseigneur Desaulx-Tavannes, dont le procès-verbal ne contient rien de nouveau, si ce n'est des récriminations assez graves du curé contre ses paroissiens, au sujet des anticipations de terrain, des dommages causés par les bestiaux sur les propriétés d'autrui, sous les yeux des gardiens et des vols de liens au bois pour les récoltes; il s'exprime à la fin en ces termes:

« Il y a un homme et sa femme, de la religion prétendue réformée, Pierre Guyot. L'homme est d'Heiltz-le-Maurupt et sa femme de cette paroisse. Ils se disent mariés quoique toute la paroisse leur dise qu'ils ne le sont pas, attendu qu'elle dit qu'il n'y a pas eu d'autre mariage que ce qu'un espèce de ministre les maria dans leur écurie, derrière leurs chevaux il y a 25 ans. Leurs deux enfants sont catholiques; je crois qu'il serait à propos de leur enlever leur Bible et quelques autres livres par des archers, afin que cela leur inspire plus de crainte. Ils ne viennent à l'Eglise que lorsque quelques-uns de leurs parents meurent ou se marient; ils viennent à l'offrande que je n'ai pas cru devoir leur refuser, pour ne pas les rebuter, et surtout pour les attirer. »

Jean L'hôte mourut à 77 ans et fut inhumé dans l'Eglise par Me Buyrette, curé de Charmont, doyen de la chrétienté de Possesse, en présence de Me Survillez, curé de Bussy-le-Repos et Jean l'Evangéliste, capucin qui administrait la paroisse pendant la maladie de M. Lhôte.

Jean Baptiste Buyrette, desservit Vavancourt de 1748 à 1753; après huit mois de fonctions sur cette paroisse, Mgr de Choiseul-Beaupré vient faire sa visite pastorale et conseille au curé de refuser la communion aux parents qui envoient leurs enfants garder les bestiaux pendant la sainte messe, et qui leur laissent prendre des habitudes de jurement et de paroles obscènes invétérées dans la population. Le procès-verbal de cette visite constate qu'il n'y avait pas de cabaret à Vernancourt.

Louis Buyrette, maître ès-arts de la faculté de Reims, de 1753 à 1768.

Il échangea en cette année, comme nous le savons déjà, sa cure de Vernancourt contre celle de Charmont avec son oncle, Jean Baptiste Buirette, précédemment nommé, et qui était alors doyen de la chrétienté de Possesse, qui revint dans la paroisse qu'il avait déjà desservie.

Cet échange fut motivé par le grand âge et les infirmités de celui-ci qui mourut au bout de quelque temps et fut enterré dans l'Eglise de Charmont.

Lemoine, de 1768 à 1773, dont on ne sait rien de remarquable.

Bardet, de Monthier-en-Der, de 1773 à 1791. Menacé de mort à cette époque par quelques forcenés, il s'était caché dans la cave d'un de ses paroissiens qui le reconduisit secrètement dans sa famille.

Pendant la révolution, l'Eglise fut dévastée; le tableau du maître-autel déchiré, les statues mutilées et traînées dans les rues, les débris de celle de la Sainte Vierge tenant entre ses bras l'enfant Jésus, furent recueillis dans une maison et plus tard restitués à l'Eglise.

On peut s'étonner que les beaux retables des trois autels aient été alors préservés de toute dégradation notable, quoique l'église eût d'abord servi de fabrique de salpêtre, de salle de réunion des clubs et de la municipalité et de temple de la raison. On voit encore les traces des coups de marteaux notamment sous les chapiteaux de deux piliers où des têtes d'anges ont été mutilées.

Après le rétablissement du culte, cette paroisse devint une succursale ayant Saint-Jean-devant-Possesse pour annexe.

Le service divin fut célébré pendant plusieurs années par l'abbé Pélican, enfant du pays, curé de Vroil.

Vers 1808, l'abbé Ponsin, ancien procureur du couvent des Augustins de Châlons, et ancien curé de Somme Yèvre, fut nommé à cette succursale et l'administra jusqu'à sa mort arrivée le 7 juin 1828. Son corps est inhumé à droite du portail. La mémoire de ce curé est encore vénérée par ceux qui ont connu sa modération et l'affabilité de son caractère, il fut atteint plusieurs années avant sa mort, d'une paralysie, ce qui ne l'empêcha pas de remplir son ministère jusqu'à la fin de sa carrière.

Après cette époque, quoique depuis quelques années la commune eût fait l'acquisition de l'ancien presbytère, il n'y eut plus de curé résidant; la paroisse a été successivement desservie par M. M.

1. Maïsse, curé de Charmont.
2. Chrétien.
3. Pocquet.
4. Barrois.
5. Thillois.

6. Michel,

7. et Maugin, titulaire actuel.

Ces six derniers curés de Possesse.

La maison de cure, reconstruite en 1833, se compose actuellement d'un bâtiment en bois avec un vaste jardin à la suite donnant sur la rivière, et un préau non fermé qui a remplacé sur le devant l'ancien parterre.

Depuis elle a servi de classe pour l'Ecole communale et de logement pour l'instituteur.

A ce propos, il est curieux de savoir qu'en 1748. le revenu du recteur d'école était de 60 livres par an; aujourd'hui le traitement de l'Instituteur est de 800 fr. plus 200 francs d'autres émoluments.

Voici la liste des recteurs, maîtres d'école, et instituteurs qui ont exercé depuis 1670.

1670. Pierre Oudinot. Epoque de son décès.

1678. François Bouard, époux d'Anne Pourrieux, lequel dit son acte de décès, a pendant 15 ans servi l'Eglise au grand contentement des curés de la paroisse et à leur grande satisfaction.

Une famille de ce nom possédait des biens assez considérables à Vernancourt dans le commencement du dix-huitième siècle.

Plusieurs membres de cette famille habitaient le pays, d'autres demeuraient à Châlons-sur-Marne.

1693. Cuny Grandjean.

1700. Christophe Pargny.

1706. Charles Raisin.
1734. Pierre Leblanc.
1740 à 1769. Jean Piat.
1769 à 1774. François Leveux.
1774 à 1811. Nicolas Falliet.
1811 à 1828. Claude Charles Gayet.
1828 à 1832. Pierre Vincent Bourgain, mort du choléra ainsi que son épouse et son fils.
1832 à 1853. Claude Eloi Bourgain, frère du précédent.
1853. Jean Baptiste Emile Oudin.
1867. M. Perrin.

Chapitre 9e

Biens nationaux vendus pendant la révolution.

Les biens situés à Vernancourt, vendus à l'époque de la révolution sous le titre de biens nationaux sont fort nombreux.

M. de Mandat de Nully, en émigrant, avait laissé outre la propriété et les dépendances du château, le moulin à eau, des maisons au village, la ferme des Brousses, le domaine de la Folie, la petite et la grande cense, un très-grand nombre de propriétés en terres, prés, bois, étangs et vignes, sans comprendre tous les biens, fiefs ou alleux, situés hors du territoire.

Tous ces biens furent vendus à vil prix et payés en assignats.

Les biens ecclésiastiques vendus sous la même dénomination sont :

Les biens de la commanderie de Maucourt, qui furent divisés en quatre lots;

Les biens des chanoines de Saint-Etienne, de Châlons, qui furent adjugés sur le pied de 3575 livres;

La cure, les prés de la cure, et les terres furent également adjugés sur le prix de dix mille francs.

La ferme de la fabrique fut vendue le 2 Nivose an 2, moyennant 4025 livres.

Les biens du Séminaire de Châlons furent portés au prix de 8400 livres.

Et ceux des Dames régentes de Vitry-le-François atteignirent celui de 33700 livres.

Ces prix malgré leur infériorité relativement à la valeur vénale, prouvent quelle était l' importance de ces biens.

Nous aurions voulu pouvoir comparer le prix des différents lots des biens des seigneurs, avec la splendeur de leurs anciens maîtres et leur valeur actuelle; nous n'avons pu recueillir que des renseignements insuffisants.

Chapitre 10e

Administration municipale depuis 1791.

Le premier officier municipal à partir de la Révolution, fut Pierre Chamelat qui arrêta les registres de l'Etat civil en 1791.

Le second en la même année fut Jean-Baptiste Gayet.

Ils sont désignés sous les noms d'officier public et d'agent municipal.

C'étaient les mauvais jours de la terreur et des scandales que nous ne répéterons pas, après ce qui nous avons déjà dit de cette triste époque à Charmont; tout se passa de même partout.

En l'an 4 et en l'an 5, nous trouvons Jean-Baptiste Grangé, à qui succède Christophe Pélican.

En l'an 5, Jean-Baptiste Grangé, pour la seconde fois.

En l'an 6, Jean Martin Lecoq.

En l'an 7, Jean Baptiste Ouriet.

En l'an 8, Christophe Pélican, pour la seconde fois.

De l'an 8 à 1813, jean Pierre Lemineur.

Nous ne pouvons rien dire de l'administration des maires ou agents municipaux dont nous venons d'indiquer les noms; il ne reste rien aux archives municipales, jusqu'à

cette époque, que les actes de l'Etat civil, où nous n'avo
pu apprendre que leurs noms.

Claude Christophe Ouriet, de 1814 à 1820.

Il traversa l'époque du passage en France des troupes de la Sainte Alliance, connue vulgairement sou le nom d'invasion.

Pendant l'année 1814, de nombreux passages ayant lieu dans les environs, plusieurs détachements de troupes russes et saxonnes passèrent à Vernancourt et y séjournèrent.

En 1815, après Waterloo, une compagnie russe fut répartie en cantonnement à Vernancourt, Possesse, Saint-Jean et y demeura pendant plusieurs mois après la reddition de Vitry-le-François; il y eut aussi pendant ce temps des passages fréquents jusqu'à la fin de l'année on ne cite pas, comme à Charmont et à Possesse, des corps d'armée, mais seulement des détachements quelquefo considérables.

A cette époque, on vit, comme à Charmont, un partie des habitants abandonner leurs maisons avec leurs bestiaux et leur mobilier le plus précieux, pour aller se cacher dans les forêts d'alentour; des habitants de Pogny et des environs étaient venus d'une distance de cinq à six lieue se retirer avec eux.

Diverses répartitions eurent lieu plus tard, de la part de l'Etat, pour les corvées, réquisitions fournies et autres vexations; mais ces indemnités étaient si faibles qu'elle ne faisaient que rappeler les maux soufferts sans les réparer même en partie; et la répartition était d'une difficulté étrange pour ceux qui en étaient chargés, à cause des prétentions de chacun.

La récolte de 1816 vint augmenter la misère, et 1817 compte parmi les plus malheureuses années de famine.

Après la mort de M. Ouriet, il fut remplacé par M. le Baron Remy, son gendre, chevalier de la Légion d'Honneur, Officier supérieur en retraite.[a]

Pendant son administration, le Presbytère qui avait fait partie des biens nationaux, fut racheté par la commune.

Le chemin de Villers-le-Sec à Charmont construit

---

[a] *Note de l'Editeur* — Extrait du Musée biographique. Panthéon universel, Revue par M. E. Peraud de Thoury, 3e année, Tome 5 3e livraison, Page 190. = 1856.

M. le baron Remy (Charles)

capitaine de cavalerie, officier de la Légion d'Honneur, honoré de sabre d'honneur, dotations et autres récompenses.

Nécrologie.

M. le baron Remy naquit à Saint Jean-devant-Possesse, (Marne) le 5 février 1770, d'une famille d'honorables cultivateurs.

Jeune encore et animé d'une noble ardeur, il quitta la charrue pour le mousquet, lorsque la patrie en danger fit un appel au courage de ses enfants et entra au service comme enrôlé volontaire, dans le 23e régiment de cavalerie, le 21 Brumaire an II et fit avec la plus grande distinction toutes les guerres de la Révolution, aux diverses armées de la République depuis l'an II jusqu'à l'an IX.

Le 20 nivose an X, il fut fait brigadier, et le 8 messidor suivant, en avant d'Offenbourg, il culbuta à la tête de cinq cavaliers seulement un fort détachement de Pandours et mit en déroute un escadron de hussards de Kaïser dont il blessa un officier de plusieurs sur Vernancourt et quelques travaux préparatoires signalèrent le commencement de l'Ere nouvelle des chemins vicinaux et urbains qui, d'impraticables qu'ils étaient alors, devaient bientôt prendre le premier rang dans le

---

coups de sabre et fit un grand nombre de prisonniers.

Dans la même affaire, il contribua à la reprise d'une pièce de canon dont les Autrichiens s'étaient emparés et qu'ils allaient tourner contre les Français. Il s'élança sur eux, sabrant tout ce qui se trouvait sur son passage, les mit en fuite et prit la part la plus glorieuse au succès de cette journée.

Le 28 fructidor an X, le premier consul lui donna un sabre d'honneur. Nommé maréchal des logis le 24 brumaire an XI, il fut incorporé dans le 5e Régiment de Cuirassiers, le 13 nivose suivant et obtint le grade de maréchal des logis chef, le 30 Frimaire an XIV.

Il fit ensuite avec la 2e Division de grosse cavalerie de la grande armée, les campagnes de l'an XIV à 1807, en Autriche, en Prusse et en Pologne, fut nommé adjudant sous-officier, le 24 novembre 1806 et sous-lieutenant le 30 Février 1807. Employé à l'armée d'observation sur le Rhin, en 1808, il fut nommé lieutenant le 20 février de cette année et prit part en 1809 à la guerre d'Allemagne et se fit remarquer au combat de Hoff et à la bataille d'Eylau où il eut trois chevaux tués sous lui.

Sa conduite pendant cette campagne fut tellement brillante que l'Empereur pour lui témoigner sa satisfaction, le nomma chevalier de l'Empire et lui accorda une dotation.

Il fit partie de l'expédition de Russie en 1812. Après avoir été nommé capitaine le 18 juin, et à la suite du Général Caulincourt, son régiment décida de la victoire de la Moskowa ainsi que le 18e bulletin de cette campagne le constate.

Il fit la campagne de Saxe en 1813; il reçut alors le titre de Baron avec une nouvelle dotation.

C'est dans cette campagne que ses compagnons d'armes maintenant trop rares, l'ont vu s'élancer au milieu des rangs ennemis pour reprendre un prisonnier illustre que sa modestie l'a toujours empêché de nommer. Ce trait de courage et le nom du chef ont contribué avec le bien qu'il fit à le rendre populaire dans son humble retraite. Il défendit en 1814 le sol de la patrie,

canton pour leur entretien.

La commune possédait une pompe à incendie qui lui avait été donnée par la caisse centrale des incendiés pour le département de la Marne.

M. Nicolas François Trappart fils, fut élu en 1831 et exerça ces fonctions jusqu'en 1844, époque où il fut nommé juge de paix du canton d'Heiltz-le-Maurupt.

Ce fut lui qui commença à doter la commune de chemins vicinaux très bien entretenus en faisant construire ceux du Pont féché et de Saint-Jean et qui augmenta les revenus de Vernancourt par la mise en rapport des prairies et des pâtis communaux, ce qui produisit, comme nous l'avons dit à propos du budjet, un revenu supplémentaire de deux mille francs; cette mesure donnait en même temps aux habitants qui n'avaient pas de terres ou n'en avaient pas suffisamment, le moyen de tirer, à la charge d'une faible redevance, des profits importants de biens qui ne

---

combattit pied à pied à Waterloo où il fut atteint d'une balle à la cuisse gauche, et à Ligny, lorsque le sort du plus grand capitaine du monde fut décidé, il ne voulut rien accepter de ceux qui s'appuyaient sur les baïonnettes étrangères et retourna labourer la terre qu'il avait tant de fois arrosée de son sang, jusqu'à ce qu'atteint par le choléra, il succomba aux atteintes de ce terrible fléau en 1832.

Cet article est signé: *Jules Mary.*

Armoiries concédées à M. Remy, par décret impérial du 25 avril 1811.

D'azur à l'épée haute en pal d'argent, monté d'or, au comble du même, chargé d'un lion léopardé de sable; Bordure du tiers de l'écu de gueules au signe des chevaliers légionnaires.

Livrée des couleurs de l'écu.

profitaient à personne, et avaient l'inconvénient de servir d'école buissonnière aux enfants sous prétexte de l'usage de la vaine pâture.

Le presbytère fut reconstruit ainsi que plusieurs ponts et la commune fit l'acquisition d'une seconde pompe à incendie avec ses agrès, pour le prix de 1050 francs.

Il fut nommé Juge de paix du canton d'Heiltz-le-Maurupt, en 1844, et Pierre Augustin Lecoq lui succéda.

Celui-ci fit achever le chemin de Pont-Féché et grèver celui de La Chaussée et celui de Vanault-les-Dames, ce qui valut à la commune, de la part de la Société d'Agriculture de la Marne, une mention honorable.

Nommé en 1854, après le décès de M. Lecoq, M. Jean Joseph Pérard continua sur les chemins vicinaux, ce que ses prédécesseurs avaient si bien commencé, et la commune obtint en 1855, une médaille de bronze, de la même société.

M. Isidor Jampierre fut nommé maire de Vernancourt, en 1856.

On lui doit de belles et larges rues avec caniveaux, deux lavoirs publics, le mobilier des classes de l'École communale et l'amélioration toujours progressive, une maison commune qui renferme en même temps le logement de l'Instituteur et les classes ainsi que la remise des pompes.

Un projet d'amélioration des propriétés communales est en ce moment à l'étude.

M. Emile Maillard, adjoint, lui succède en 1866; il continue les améliorations vicinales de ses prédécesseurs, et c'est à ses démarches et à ses soins que l'on doit la confection du chemin d'intérêt commun de Charmont à Vernancourt, si désiré depuis longtemps et appelé à rendre de grands services.

SUPPLÉMENT

aux deux parties de cet ouvrage.

Étymologie et signification de quelques dénominations de rues, places et contrées.

Après l'examen du travail sur Charmont, une lettre de M. le Secrétaire de la Société académique, en date du 30 juillet 1862, exprimait le désir que l'auteur pût joindre à sa notice, la liste des noms de rues, ruelles, places, noues, ruisseaux, lieuxdits, avec les expressions populaires employées par les habitants.

Comme ce second mémoire n'est que la suite du premier, nous allons essayer de satisfaire en partie à ce désir, dont le but n'est point, à coup sûr, d'avoir une froide nomenclature de noms plus ou moins barbares en apparence, mais bien de pouvoir remonter à l'origine de ces dénominations qui ne sont point, comme on pourrait le croire, dues au caprice de nos pères.

Nous allons aussi brièvement que possible, faire passer sous les yeux du lecteur quelques noms, tant de Charmont que de Vernancourt, en indiquant leur étymologie ou leur signification avec les souvenirs qui s'y rattachent : les temps féodaux surtout ont laissé des traces nombreuses, rappelant les anciens seigneurs, les communautés religieuses ou titres ecclésiastiques.

Nous classerons ces dénominations sous diverses catégories, d'après :

1° La forme, position ou accident de terrain ;

2° Le nom des propriétaires, la destination féodale ou usuelle du lieu ;

3° Les événements qui s'y sont produits, les particularités et souvenirs qui s'y rattachent ;

4° La nature du sol ou de ses productions naturelles ou artificielles ;

5° Et enfin les singularités qui existent dans la formation des noms, par rapport à l'ancien langage.

Un grand nombre de ces dénominations sont devenues à peu près modernes, sauf le cachet particulier du langage local ; d'autres ont conservé des traces de leur origine romane ou étrangère, malgré l'altération qu'elles ont subie dans le cours des temps.

Nous ne nous arrêterons point aux noms ou épithètes qui se rencontrent partout, ou bien qui n'offrent point d'intérêt sous le rapport de leur formation ou de l'idée qu'ils expriment.

Charmont est plus riche que Vernancourt sous le rapport des anciennes dénominations, cela tient à ce que, dans ce dernier lieu, les archives ayant été détruites lors de la révolution, faute de retrouver des états de contrée, on s'en est tenu, lors de la formation des matrices, aux noms indiqués par les habitants qui les ont modifiés, sans respect pour les anciens souvenirs.

Nous avons, pour le moment, laissé à l'écart beaucoup de mots dont la racine nous paraissait difficile à établir, pour risquer le moins possible des appréciations hasardées.

Nous avons dû recourir aux anciens titres, toutes les fois qu'il nous a été possible, puis à la matrice cadastrale; mais ces mots, en passant par la plume des rédacteurs, ont souvent perdu beaucoup de leur physionomie locale pour prendre un fard qui les rend méconnaissables.

1ère Catégorie.

Charmont.

Houdry	Ruelle derrière le village, vient de Dri derrière hou ostium entrée, porte.
Houdeville	Contrée = haut de la ville ou à la porte de la ville.
Cun	Cuneus = coin, de sa forme.
Gorges (les)	Ravins.
Haut et bas du Rez	Haut et bas du coteau ou du niveau du sol.
Apremont	Asper mons, colline de difficile accès.
Gué gravé	Gué formé par engravement.
Manrebruit	Minor, lieu où les bruits du village vont en décroissant.
Pré minon	Pré mignon ou joli.
Champ à L.	Ayant la forme de cette lettre.
Pré au V	idem.

Cul de loup	Voisinage du bois. Station des loups.
Fourotte	Gorge ou chemin creux. Vieux langage.
Puits d'Enfer	ou de Nafer, précipices, entrée d'un gouffre.

Vernancourt.

Cagnant et les courbes	Deux contrées ayant la même signification = cagner, courber (usité).
Minouelle	Manica = manche de faulx ou de meule en Z, forme de la contrée.
Poirier d'angoisse	sorte de poire sauvage acre et difficile à digérer (Patois usité : ingouiche.)
Pré d'amont	En amont d'un cours d'eau.
Hautimont	Altus mons, coteau élevé.
Saumont	Summus mons, sommet de la colline.
Marange	Etang, mare angustum, petite mer, mer étroite.
Retay	Rateau, Treillage d'étang.

2e Catégorie.

Charmont.

La Couronne.	Rue et place, rappelle la Mairie royale.
Cour des Salles.	Rue et place = réunion d'habitations donnant sur une cour commune, autour des fours banaux, le tout appartenant à la famille des Salles, de Vernancourt ; la rue n'existait point alors mais seulement un groupe de bâtiments.
Place de la	Cette même place a pris ce nom en 1792

liberté	c'est là que furent plantés alors les arbres de la liberté.
Guèle Rouge aujourd'hui Place Solférino et Rue Magenta en souvenir de nos victoires d'Italie en 1859.	Gué, place et rue = Une légende populaire très ancienne, indique Jean le Rouge comme ayant été dépossédé par un abbé de Monthiers qu'il assigna au tribunal de Dieu dans l'année, comme Jacques Molé fit à Philippe-le-Bel et au Pape Clément V.
Renaultmont	Châteaufort bâti par Renauld, chevalier, sur le point culminant du village.
Etang, contrée ou fontaine Maupas.	A donné son nom à une famille Maupas, issue de Charmont, qui eut quelque retentissement à Châlons, dans le siècle dernier et qui s'est éteinte à Charmont, il y a peu d'années. (mauvais pas)
Donjeux	Ferme = Donjon ou château = Voir sa notice.
Curniquin	Fort ou Château = Cornutus = Cornu, forme de ses constructions.
Chef Châtel ou Chetif-Châtel	Château avec fief = Chef = faisant tête de défense, ou Chétif = Petit.
	Rosiers et Jardinot. = Jardins de ce château.
Marginville	Fief appelé primitivement Marchanville, de marche ou frontière, limite.
Mont Garnier ou Maugarnie	De Garnier de Hettancourt, son fondateur: Voir notice de ce fief.
Priolée	Prieuré de St Nicolas = Voir sa notice.
	Fossé Thomas l'abbé, du nom d'un abbé commendataire.

	Etang Maître Thomas, de la même origine.
Fossé Quenaudel.	Le nom de Quenaudel est inscrit à un pilier de l'Eglise avec la date de 1607.
Pierre Adam	Borne entre le finage de Charmont et les biens de l'abbaye de Monthiers posée par Adam de Thornes, seigneur de Possesse, vers 1210.
Pré d'Espense	à la famille d'Espence.
Dommachères	Domini ager, champ du Dom ou du moine.
Muneaut	Monialis ager, champ des moines
	Monthiesal ou Monthiesal. Cense de l'abbaye de Monthiers.
Poirier cloué	Pied cornier formant limite.
Pré du vieux Roi.	Ayant appartenu à la couronne sous le roi précédent.
Grange au bois	Grangia in Sylvam = Maison d'exploitation du fief de Souhel (Voir cette notice)
Bonde aux Tuiliers	Bonde ou écluse des eaux des tuileries de Marginville.
Champ magus	Champ du sorcier = appartint depuis à l'Eglise
La cure	Apanage du bénéfice de la cure.
Champ franc	Franc-alleu, libre de redevances.
Jardin des Lancerons	Où les jeunes porcs allaient se reposer en sortant de la glandée. = Auprès est la fontaine des cochons. Le droit de glandée dans ces lieux est cité en la charte de 1277.
Le coq d'Inde	Genre de redevance sur ce terrain.
Potence	Lieu où s'exécutait la justice seigneuriale ou

royale = Ce nom se retrouve à Vernancourt et dans beaucoup d'autres lieux.

Cimetière des huguenots. Lieu de sépulture des protestants.

Vigne des moines. Aux moines de Monthiers.

Vigne la Dame — A l'abbesse des Dames régentes de Vitry-le-François.

Nous citerons pour mémoire les dénominations tirées de noms propres ou de famille telles que Regniéval, haie Remont, fossé Joigny, bois Thierry, ruelle Marot, saule Gruaux, etc.

Vernancourt.

Bois de St Nicolas. Au titre de l'autel St Nicolas de Possesse.

Bois, champ et pré du Temple. — A l'abbaye de La Neuville-au-Temple dépendant de Beslou ou de la cense de Braux. Voir cette notice.

Champ St Jean — A la même abbaye = du nom des Chevaliers de St Jean de Jérusalem ou de Malte qui succédèrent aux templiers.

Pré des Malades. — A la même abbaye = dépendant de la Maladrerie de Possesse.

Queminailles — Autrefois communailles, anciennes propriétés de la communauté échangées depuis avec l'abbaye de Trois-Fontaines et celle de la Chalade.

Pré des Salles. — Du nom de la famille des Salles qui possédait la seigneurie de Vernancourt.

Henry Pré	du nom d'Henry des Salles, l'un des membres de cette famille.
Sorrigny	autrefois Sur Vigny = Dépendant du fief de Maison Vigny.
Bois Lalobe	Nom d'une famille de Vitry.
Maison Vannetel.	à Pierre Vannetel qui fut en 1553, parrain de la cloche avec Anne de Stainville.
Bois et Gué de Bussy.	La famille Bussy d'Amboise était, dès le 16e siècle, propriétaire à Vernancourt et dans les environs (Voir la notice sur Mauparty).
	Champ St Martin, champ de la Messe, pré de la cure et pré au parvis = appartenant à la fabrique ou à la cure ou à l'église qui est sous le vocable de St Martin.
Les Bovières.	de la famille de Beauvières ou de Beauvier.
La Chalade	possédée autrefois par l'abbaye de la Chalade.
Noue Barouelle.	Lisez de Baroville, nom des anciens possesseurs.
Savoyarde ou la Tannerie.	Un étranger vint dans le 17e siècle y établir une tannerie, il était sans doute de la Savoie.
	Le petit et le grand Bettancourt. = Prés provenant des Seigneurs de Bettancourt.

3e Catégorie.

Charmont.

La Siége	Endroit d'où les ennemis assiégèrent ou menacèrent Charmont en 1640 ou 1654.

Bombarde.	Même origine.
Frise.	Rue aux abords du château défendue par une frise, pièce de bois armée de pointes de fer.
Belle épine.	Rappelle un événement où figure un buisson d'épine.
Joquinette.	Bois où les habitants allaient jouer aux boules et se divertir. (Jocari).
	Place Magenta, Rue Solferino, rappellent nos victoires d'Italie en 1859.

Vernancourt.

Tuileries	Établissement de ce genre dont on a retrouvé les restes en cette contrée.
Champ le Potier.	lieu voisin ayant eu sans doute la même destination
Potence	de même qu'à Charmont.
Garce morte	Fille morte; implique l'idée d'un événement tragique.
Cimetière	Ancien lieu de sépulture avant 1692.

Entre les maisons, montardière, maison Vannetel, tuileries ou champ Pézenet, cimetière, champ Vauthier impliquent l'idée développée au chapitre 5 que le village s'étendait de ce côté beaucoup plus loin qu'aujourd'hui.

4e Catégorie.

Charmont.

Trissoir	Sorte de raisin appelé Trisseau. V. L.

Nécure	None curée. V. L.
Badois	Lieu bas planté d'osiers. V. L.
Teignières	Montagne stérile où ne croissent que de mauvaises herbes appelées Teigne.
Verjute	Nom d'une plante appelée aussi Jonte qui y croissait habituellement.
Margusson	ou marcusson = Champignon. V. L.
Sorange	Saur anche = Jaune fossé; eau bourbeuse et jaunâtre. V. L.
Jardon	Flumen Jardonis = Cours d'eau du jardin ou jard, lieu planté d'arbres.
Rongeux	Sol ferrugineux.
Souhel	Fief et bois; silva, silvula, sovella, forêt ou petite forêt.
Chabolle	Vignes plantées en chabots ou crossettes. V. L.
Pouillottes	Terres stériles. V. L.
	Blanches Fontaines. Sources en terrain calcaire.
Quemine	ou commune. Terrain communal.
Erodies	Erodere. Brouter. = Pré soumis à la pâture.
Jeaufontaines	Jaux fontaines = Eaux de sources.
Genifontaines	Sources formant l'étang de Vambel.
Sartivart	Lieu essarté et planté en vignes = Vart ou vert.
Chaufour	Four à chaux.
Arzillières	Terres argileuses = On dit aussi Harzillières ou en arzillères, = Effet de prononciation.
Bois-le-loup	Autrefois Belle eau ou beslou à cause de ses sources qui alimentent l'étang neuf. Quoique le

	nom Bois le loup ne soit pas déplacé ici, nous avons vu que ce n'était que par corruption qu'il avait pris cette dénomination.
Courtillotte	Courtil. Chenevière. V. L.
Galhauts	Bois ou forêts. Mot dérivé du Breton.
Toin ou Côte à toin	Côte le long des bois où la mouche appelée Toin ou Taon harcelle les animaux.
Baulaine	Boulaise, argile. V. L.
Haouïguettes	de houe et du grec ghē. terres que l'on cultivait à la houe ou hoyau.
Rimaucourt	Rimata curtis. Terrain crevassé.

Vernancourt.

Vère ou Vière	Nom du cours d'eau; de Ver, printemps, ou varius varié, émaillé.
Draneaux ou Druynelles	Noms d'une espèce de bois qui y abonde.
	Caurée. Erables. forêts Brochis. Tremblay, Verdes. Chêne, sont autant de lieux qui ont pris la place de lieux plantés où dominaient les espèces de bois dont le nom forme les racines des dénominations susdites.
Brousses	Broussailles, comme Braux, le nom primitif.
Rousselotte	Composition et couleur de la terre.
Pré la Brune	de même, La prée la brune.
Marleron	Terre marneuse, appelée marle ou marne. V. L.

5e Catégorie

Charmont.

Gros faux	Faux signifie encore hêtre. Gros hêtre.
Tiersaux	Loués à tiers franc.
Jabelin	Nom cité dans la charte de 1277 = Nom propre.
Mauparty	Mauvaise portion.
Mancussin	Mauvaise pomme sauvage appelée Cuchin.
Poirier de Jaÿe	Poires sauvages bonnes tout au plus pour les geais.
Croselot	Croulis, terrain en pente.
Côte à la harre	Dont la montée difficile fait l'effet d'une haire ou cilice, fait suer.
Préaux Ivarts	Pré aux Ormes.
Montjoÿe	Mont joli ou joyeux.
Vambel	Eau belle.

Vernancourt.

Préaux Souches	Planté de têtes d'osier appelées Souches.
Champ-le-Pot.	Pot ou limite.
Gouesse	Gaudere, lieu où étaient établis des jeux près de la rivière.
Plagnoir	Plaguer, souffler, geindre, où les bestiaux allaient se reposer pendant la pâture à l'abri des bois.
Pré au fromage	à cause de la qualité du pâturage propre à donner de bons fromages.
Cahoderie	de case, maison ou, pour au et dri ou derrière;

	maison, située derrière le village.
Coton des Cayeux	ou plutôt des Cayeux = Coton ou coin de pré formant cap, produisant des herbes marécageuses appelées Cayeux.

Sans faire un plus grand nombre de citations, on peut voir par là que ces noms n'ont pas été donnés au hasard, et qu'on peut en tirer bien des enseignements sur l'état ancien du pays, de ses maîtres et de ses habitants, sur la composition chimique du sol, et surtout sur les variations du langage.

Heureux si nous avons bien compris l'esprit du conseil qui nous a été donné ; plus heureux encore si nos recherches peuvent être de quelque utilité pour le pays qui nous est cher.

Usages locaux.
Corporations et Confréries.

Pour donner une idée des usages et institutions d'autrefois, et en particulier des corporations et confréries de métiers et d'état, nous dirons que dans tous les pays les cultivateurs se réunissaient avec les ouvriers de fer sous la bannière de St. Eloi, comme les vignerons sous celle de St. Vincent; il en était de même de tous les corps d'état; mais, comme il s'agit de localités plus particulièrement agricoles, nous voulons laisser une idée de ce qui existait à Charmont et à Vernancourt comme dans la plupart des autres lieux en donnant quelques notions sur les corporations et confréries d'autrefois et en citant une charte du moyen-âge, échappée aux ravages du temps, qui règle encore en partie la corporation des cultivateurs et ouvriers de métaux à Revigny, pays voisin, dont les usages se rapprochent de ceux des villages dont nous nous occupons.

Disons d'abord quelques mots sur les corporations et les confréries et sur leur origine, et sur celle de St. Eloy en particulier.

Nous ne remonterons pour cela, comme d'autres l'ont fait, ni à Salomon, ni à Thésée, ni même à Numa Pompilius.

Nous arriverons de suite au 7e siècle de notre ère, à Clotaire II et à St. Eloy; celui-ci, orfèvre de son état, fut choisi pour exécuter le trône d'or et de pierreries que désirait le roi.

« On lui délivre par poids, dit St Ouen, son biographe et son ami, autant d'or, d'argent et de pierreries qu'il est nécessaire pour faire le chef-d'œuvre : quelle heureuse surprise il prépare à Clotaire ! Quand son ouvrage est terminé, il le présente au roi ; ce monarque ne peut se lasser d'admirer la perfection et la délicatesse du travail ; mais son étonnement est au comble quand Eloy lui apporte un second siége tout semblable au premier. La matière ajoute l'historien s'était divinement multipliée entre ses mains, de sorte que chacun des deux ouvrages pesait entièrement les métaux qu'on lui avait confiés. »

Rien n'est moins surprenant que de voir les faveurs royales arriver au jeune orfèvre ; il devint bientôt maître de la monnaie, puis argentier du roi ; charge qu'il conserva sous les successeurs de Clotaire, Dagobert et Clovis II, sans cesser pour cela d'exercer sa profession. Personne n'ignore qu'il mourut Evêque de Noyon en 655, à l'âge de 67 ans.

C'est lui qui, voulant réglementer les rapports des orfèvres entre eux, et de ceux-ci avec le public, et pour protéger leurs transactions si importantes par le travail et la matière, réunit les ouvriers de ce métier en un corps d'état auquel il donna des statuts particuliers.

Depuis, chaque état seul ou réuni à plusieurs industries ayant un rapport direct ou indirect par la nature de la matière ou des produits ou de l'outillage, forma une corporation distincte.

Aux orfèvres vinrent s'unir par analogie, tous les artisans connus sous le nom générique de fabri, febvres ou feburiers qui travaillaient le fer, l'acier, le cuivre, l'étain et tous les métaux; les rouyers ou charrons, et enfin les laboureurs tributaires de ces ouvriers.

Il en fut de même de toutes les corporations.

Nul n'était admis sans avoir subi les épreuves d'usage; il y avait trois grades, les apprentis, les compagnons et les maîtres; pour franchir chacun d'eux, il y avait un droit à payer au roi ou seigneur du lieu et à la bourse commune. Mais pour arriver à la maîtrise, il fallait produire un chef-d'œuvre qui était jugé par les maîtres c'était un ouvrage du métier pour prouver la capacité du récipiendaire.

Les corporations devinrent des institutions politiques par l'influence qu'elles eurent parfois sur les affaires du royaume en prenant part aux mouvements populaires; par leur organisation elles ont quelquefois imposé leur volonté, et contraint l'autorité à leur laisser leurs privilèges et à leur en accorder de nouveaux; elles pesèrent d'un grand poids sur l'affranchissement des communes et les rois s'en servirent pour abaisser la puissance des seigneurs.

Elles portèrent indistinctement le nom de Corporations jurandes ou confréries.

Cependant, il ne faut pas confondre la corporation ou jurande avec la confrérie, ce qui eut lieu bien souvent et de fait et de nom.

Les confréries naquirent des corporations et s'en distinguèrent par leur caractère essentiellement religieux; leurs statuts ne portaient que sur certaines pratiques et observances et sur les secours mutuels.

Les règlements des Jurandes devaient être approuvés par les chefs civils de la province, et les confréries relevaient des Évêques et des Papes; elles ne comprenaient que les membres de la corporation qui adoptaient les statuts religieux, et à cette époque c'était généralement toute la corporation; elles se mettaient sous le patronage d'un saint.

Dans un pays de culture comme Revigny, les laboureurs étaient nécessairement plus nombreux et plus influents que les autres corps d'état; leur confrérie devait être plus importante qu'aucune autre et peut-être était elle le seul corps d'état existant dans le pays, si l'on y joignait les feburiers, les rouyers et les atteleurs ou bourreliers, c'est-à-dire les artisans dont le concours est indispensable.

Les premières confréries de cultivateurs ne remontent pas au-delà du Treizième siècle, époque où l'assolement triennal se vulgarisant, il y eut naturellement lieu à une entente générale d'où vint la nécessité de se réunir en corps d'état. C'est aussi de cette époque que datent les premiers essais de division cadastrale en France.

Il existe depuis le moyen-âge, à Revigny, avec les mêmes statuts une confrérie de cultivateurs dite *Confrérie de St Eloi.*

Elle compte un assez grand nombre de membres qui observent encore le règlement de son institution autant qu'il est en rapport avec nos mœurs actuelles; aucun changement notable n'y a été apporté.

Pour y être admis, il faut être d'une conduite irréprochable et être présenté par plusieurs membres. Elle a pour chefs, un Maître et un Sergent. Chaque année le sergent est élu le jour de la fête de Saint-Eloy qui se célèbre le 1er Xbre; il est dépositaire des flambeaux et des trois copies des statuts écrits sur parchemin dont la première remontant à 1614, est très-altérée; la seconde, de 1643, est couverte de signes particuliers et de signatures de tous les âges superposées et la plupart illisibles; la troisième est plus récente; elle est de 1837; toutes trois font mention d'anciennes copies souillées et effacées.

Le sergent doit, à chaque décès de confrère, faire déposer les flambeaux à l'église durant le service que la confrérie fait célébrer pour le repos de l'âme du défunt; il doit offrir un pain bénit à la messe de la fête de St Eloy; après le service, la confrérie se réunit dans un lieu particulier, procède à l'élection d'un nouveau sergent, lui confie les chartes et les flambeaux et l'accompagne jusqu'à son domicile où celui-ci offre le vin d'honneur.

Le maître cesse alors de plein-droit ses fonctions qui passent au sergent remplacé; avant de se séparer, on soumet au scrutin les nouveaux membres présentés, on reçoit leur cotisation et leur serment, puis l'on adjuge le montant des sommes en caisse au plus offrant qui en répond personnellement et sous caution.

Le lendemain, un service funèbre est célébré pour le repos de l'âme des membres décédés; et comme il arrive dans toute fête, celle-ci se termine par un banquet et un bal invité.

Nous allons donner les statuts de cette confrérie; ce document curieux a été collationné par nous sur la copie de 1643, nous avons préféré ce texte à celui de 1837, qui nous a paru légèrement altéré.

Le style quoique ayant subi des modifications sous la plume des copistes, a conservé le cachet du 16e siècle. Peut-on, en admettant que chaque copie ait été aussi précédemment modifiée à chaque période, la faire remonter beaucoup plus haut? Nous le pensons, mais, quoi que l'on puisse dire, il n'est pas prouvé que Revigny doive l'établissement de sa confrérie au fameux docteur Jacques de Ravennes, ou plutôt Jacques de Revigny (Jacobus de Reveniaco) selon la Gallia Christiania, né en ce lieu, et qui occupa le siége épiscopal de Verdun, de 1290 à 1296, époque où il mourut à Florence, pendant un voyage à Rome où il allait soumettre au pape Célestin III, de graves difficultés qu'il avait avec ses diocésains.

Il est fâcheux que l'on n'ait point conservé sur les copies, le texte ou au moins la date de l'approbation épiscopale ou papale qui a dû exister, car ce réglement porte encore le nom de bulle, d'où l'on infère que, suivant l'usage, il a dû être accompagné d'une autre pièce ecclésiastique qui, tout en approuvant les statuts, établit ou conserva des privilèges, en même temps que des droits fiscaux ou redevances en nature.

Les pièces que nous avons eues entre les mains sont écrites sur un parchemin entier ; la vignette coloriée représente Saint Eloy en habit d'évêque, ayant à sa gauche un établi de forgeron avec les outils de la profession et à sa droite une enclume à pointes.

Voici le texte de celle de 1643 :

« *In nomine Domini. – Amen.*

« A tous ceulx qui ces présentes lettres verront :

« Les soubsignés, confrères de la confrérie Monsieur Sainct Eloy, érigée au lieu et en l'église de Revigny, désirant la continuation de laditte confrérie et que Dieu soit adoré, et la saincte Eglise honorée et respectée, comme elle doibt, et que dorénavant et à tousiours eux et leurs successeurs seront tenus faire dire et celébrer en laditte Eglise de Revigny ledit jour Sainct Eloy, premier Décembre, une messe haulte et solemnelle, et à la veille et audit jour, les vespres où tous les confrères seront tenus d'assister à peine de *trois gros d'amende* contre chacuns deffaillants si non excuse légitime.

« Et que tous ceulx qui voudront être de la dicte confrérie, les confrères voulant les faire enregistrer, l'un ou l'autre des maîtres, en présence de la compagnie, luy fera prester le serment de se comporter en toute modestie et bon catholique, et de ne jamais inventer aucune noise, débat, ny procès en la dicte confrérie, à peine de l'amende de neuf gros applicable à la dicte confrérie et d'en être expulsé et mis dehors sans jamais y pouvoir rentrer.

« Et pour son entrée ou reçue, il payera comme d'ancienneté à la ditte confrérie, un bichet de bled froment comble qui sera mis au proffit de la ditte confrérie et à chacun des confrères, la livrée des Eguillettes ou ruban de soye, ensemble le pot de vin à la discrétion et volonté du confrère reçu.

« Que le dict jour Sainct Eloy, les dicts confrères étant assemblés, les maistres pour lors seront tenus en eslire d'autres pour y demeurer un an, entre les mains desquels sera à l'instant l'argent de la dicte confrérie rendu et remis, pour par eulx être relaissé à qui plus donnera (au plus offrant et dernier enchérisseur), en baillant par lui bonne et suffisante caution ; à quoi les dicts maistres auront l'œil à peine d'en répondre à leur propre et privé nom.

« L'état de sergent se laissera ledit jour Sainct Eloy, au plus pour y demeurer un an, et sera ledict sergent, franc pour le dîner dudict jour Sainct Eloy, auquel sergent susdict seront tenus donner les noms de tous les confrères, lequel sergent sera tenu advertir ledit jour de Sainct Eloy, du lieu où l'assemblée se fera ledict jour à peine d'un franc d'amende contre ledict sergent.

« Lequel sergent sera tenu de faire dire et célébrer par chacun quatre bonjours de l'année une messe basse à l'autel monsieur Sainct Eloy, aux frais et dépens de la ditte confrérie.

« Lesquels maîtres auront dix-huict gros pour la taste du vin, la veille de Sainct Eloy.

« Et si aulcune femme des dicts confrères est accouchée, ledict confrère sera tenu d'advertir ledict Sergent, et puis ledict sergent sera aussi tenu d'assister à la conduite de l'enfant à l'église dudit Revigny, pour être ledict enfant baptisez, et portera ledict sergent les cierges de laditte confrérie à peine d'un franc d'amende contre chacuns deffaillans, au profit du satisfaisant. Demeurera le dict sergent au festin, si bon luy semble, ou bien luy sera payé un franc par le père de l'enfant.

« Que le cas advenant du décès de l'un des confrères, les parents du dict décédé advertiront le sergent, pour par après advertir les dicts confrères de l'heure de son enterrement; lesquels confrères seront tenus et obligez d'y assister, à peine de trois gros d'amende tant contre le sergent que contre les aultres deffaillants.

« Et satisfaisant par le dict sergent, et portant les dicts cierges au convoy, aura pour sa peine un franc qui lui sera payé par les héritiers du deffunt;

« Que chacun des quatre bonjours de l'année, le sergent sera tenu mettre les dicts cierges allumez sur l'autel monsieur Sainct Eloy à peine de trois francs[1] pour chacune fois.

« Ledict jour Sainct Eloy, tous les dicts confrères seront tenus payer un gros pour leur confrérie, à peine d'en être expulsés.

Lesquels confrères sont tenus porter au logis où il

(1) Le franc barrois était de 0f,43 centimes divisé en 9 gros.

leur sera désignez par le dict sergent, à la présence desquels il sera rendu compte tant des donations testamentaires que offrande donnée le dict jour Sainct Eloy.

« Et en temps que le dict argent ne suffirait point pour satisfaire aux fraiz qu'il aura convenu faire soict pour avoir faict célébrer les messes pour des confrères trépassez, soit pour les services dudit jour Sainct Eloy que vigiles, et pour les cierges et bougies qu'il convient distribuer le dict jour, chascuns confrères sera tenu payer sa cotte part.

« Qu'à l'intention et mémoire de l'âme de chascuns confrères décédez, sera le jour de son enterrement ou aultre jour commode pour ce advisé et choisi, dict et célébré en l'Eglise de Revigny, une messe haulte avec recommandise, au frais de laditte confrérie, où tous les confrères assisteront en étant advertis, à peine de trois gros d'amende contre chascuns deffaillants, sauf excuses légitimes.

« Qu'il ne sera advancé propos ou parolle à la mise ou témoin d'argent, et estat de sergent qui n'ait lieu et tienne, à peine de trois francs d'amende payable en présence des dicts confrères assemblez ensemble les aultres amendes de trois gros appliquable à la ditte confrérie au même instant sans délay.

« Deffence aussy est faicte à tous confrères étant assemblés et congrégés le jour de Sainct Eloy de ne jurer et blasphêmer le sainct nom de Dieu, à peine de l'amende de un franc appliquable à laditte confrérie, et ne sera ditte aulcunes parolles oysifves ou déshonnêtes contre le sainct nom de Dieu, ny de ses saincts à peine de neuf gros appliquables à la ditte confrérie.

« Les présentes lettres ont été raffraichies cejourd'huy premier jour de Décembre, les confrères de laditte confrérie étant assemblés, ou du moing la saine partie, d'autant que les anciennes sont souillées et effacées.

« Faict à Revigny le premier jour de Décembre jour de la Sainct Eloy mil six cent quarante-trois. »

« Le même jour cy-dessus, Isidor Gérard a esté reçu confrère, lequel a déclaré ne savoir écrire, ny signer. »

Un grand nombre de croix et de signatures sont apposées au-dessous et en marge de cette Pièce ; on en remarque de tous les temps, elles sont superposées de telle façon que le plus grand nombre est illisible.

On y remarque les dates de 1668, 1684 1716, 1718, 1774, 1792, 1834, 1835.

On y distingue les noms suivants : Nicolas Lécossois, Jean-Baptiste Rollet, Claude Virot, Baptiste Thirion, Claude Michel, Vernay jeune, Jean Chaudron, etc.

Une copie précédente date de 1614, et une autre postérieure de 1837.

TABLE DES MATIÈRES.

CHARMONT.

VERNANCOURT.

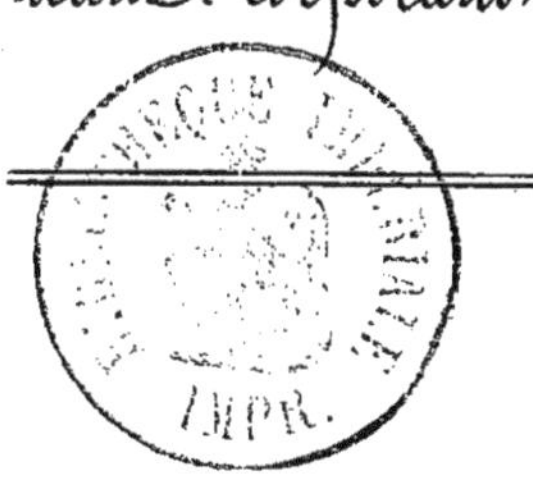

www.ingramcontent.com/pod-product-compliance
Ingram Content Group UK Ltd.
Pitfield, Milton Keynes, MK11 3LW, UK
UKHW022053260726
13993UKWH00001B/84